PORTOGHESE

VOCABOLARIO

PER STUDIO AUTODIDATTICO

ITALIANO PORTOGHESE

Le parole più utili
Per ampliare il proprio lessico e affinare
le proprie abilità linguistiche

3000 parole

Vocabolario Italiano-Portoghese Brasiliano per studio autodidattico - 3000 parole

Di Andrey Taranov

I vocabolari T&P Books si propongono come strumento di aiuto per apprendere, memorizzare e revisionare l'uso di termini stranieri. Il dizionario si divide in vari argomenti che includono la maggior parte delle attività quotidiane, tra cui affari, scienza, cultura, ecc.

Il processo di apprendimento delle parole attraverso i dizionari divisi in liste tematiche della collana T&P Books offre i seguenti vantaggi:

- Le fonti d'informazione correttamente raggruppate garantiscono un buon risultato nella memorizzazione delle parole
- La possibilità di memorizzare gruppi di parole con la stessa radice (piuttosto che memorizzarle separatamente)
- Piccoli gruppi di parole facilitano il processo di apprendimento per associazione, utile al potenziamento lessicale
- Il livello di conoscenza della lingua può essere valutato attraverso il numero di parole apprese

T&P Books Publishing
www.tpbooks.com

ISBN: 978-1-78767-463-9

Questo libro è disponibile anche in formato e-book.
Visitate il sito www.tpbooks.com o le principali librerie online.

VOCABOLARIO PORTOGHESE BRASILIANO per studio autodidattico

I vocabolari T&P Books si propongono come strumento di aiuto per apprendere, memorizzare e revisionare l'uso di termini stranieri. Il vocabolario contiene oltre 3000 parole di uso comune ordinate per argomenti.

- Il vocabolario contiene le parole più comunemente usate
- È consigliato in aggiunta ad un corso di lingua
- Risponde alle esigenze degli studenti di lingue straniere sia essi principianti o di livello avanzato
- Pratico per un uso quotidiano, per gli esercizi di revisione e di autovalutazione
- Consente di valutare la conoscenza del proprio lessico

Caratteristiche specifiche del vocabolario:

- Le parole sono ordinate secondo il proprio significato e non alfabeticamente
- Le parole sono riportate in tre colonne diverse per facilitare il metodo di revisione e autovalutazione
- I gruppi di parole sono divisi in sottogruppi per facilitare il processo di apprendimento
- Il vocabolario offre una pratica e semplice trascrizione fonetica per ogni termine straniero

Il vocabolario contiene 101 argomenti tra cui:

Concetti di Base, Numeri, Colori, Mesi, Stagioni, Unità di Misura, Abbigliamento e Accessori, Cibo e Alimentazione, Ristorante, Membri della Famiglia, Parenti, Personalità, Sentimenti, Emozioni, Malattie, Città, Visita Turistica, Acquisti, Denaro, Casa, Ufficio, Lavoro d'Ufficio, Import-export, Marketing, Ricerca di un Lavoro, Sport, Istruzione, Computer, Internet, Utensili, Natura, Paesi, Nazionalità e altro ancora ...

INDICE

GUIDA ALLA PRONUNCIA

Alfabeto fonetico T&P	Esempio portoghese	Esempio italiano

Vocali

[a]	**baixo** ['baɪʃu]	macchia
[e]	**erro** ['eʀu]	meno, leggere
[ɛ]	**leve** ['lɛvə]	centro
[i]	**lancil** [lã'sil]	vittoria
[o], [ɔ]	**boca, orar** ['bokɐ], [ɔ'raɾ]	notte
[u]	**urgente** [uɾ'ʒẽtə]	prugno
[ã]	**toranja** [tu'rãʒɐ]	[a] nasale
[ẽ]	**gente** ['ʒẽtə]	[e] nasale
[ĩ]	**seringa** [sə'rĩgɐ]	[i] nasale
[õ]	**ponto** ['põtu]	[o] nasale
[ũ]	**umbigo** [ũ'bigu]	[u] nasale

Consonanti

[b]	**banco** ['bãku]	bianco
[d]	**duche** ['duʃə]	doccia
[dʒ]	**abade** [a'badʒi]	piangere
[f]	**facto** ['faktu]	ferrovia
[g]	**gorila** [gu'rilɐ]	guerriero
[j]	**feira** ['fɐjrɐ]	New York
[k]	**claro** ['klaru]	cometa
[l]	**Londres** ['lõdrəʃ]	saluto
[ʎ]	**molho** ['moʎu]	milione
[m]	**montanha** [mõ'tɐɲɐ]	mostra
[n]	**novela** [nu'vɛlɐ]	notte
[ɲ]	**senhora** [sə'ɲorɐ]	stagno
[ŋ]	**marketing** ['markətiŋ]	anche
[p]	**prata** ['pratɐ]	pieno
[s]	**safira** [sɐ'firɐ]	sapere
[ʃ]	**texto** ['tɛʃtu]	ruscello
[t]	**teto** ['tɛtu]	tattica
[tʃ]	**doente** [do'ẽtʃi]	cinque
[v]	**alvo** ['alvu]	volare
[z]	**vizinha** [vi'ziɲɐ]	rosa
[ʒ]	**juntos** ['ʒũtuʃ]	beige
[w]	**sequoia** [sə'kwɔjɐ]	week-end

ABBREVIAZIONI usate nel vocabolario

Italiano. Abbreviazioni

agg	-	aggettivo
anim.	-	animato
avv	-	avverbio
cong	-	congiunzione
ecc.	-	eccetera
f	-	sostantivo femminile
f pl	-	femminile plurale
fem.	-	femminile
form.	-	formale
inanim.	-	inanimato
inform.	-	familiare
m	-	sostantivo maschile
m pl	-	maschile plurale
m, f	-	maschile, femminile
masc.	-	maschile
mil.	-	militare
pl	-	plurale
pron	-	pronome
qc	-	qualcosa
qn	-	qualcuno
sing.	-	singolare
v aus	-	verbo ausiliare
vi	-	verbo intransitivo
vi, vt	-	verbo intransitivo, transitivo
vr	-	verbo riflessivo
vt	-	verbo transitivo

Portoghese. Abbreviazioni

f	-	sostantivo femminile
f pl	-	femminile plurale
m	-	sostantivo maschile
m pl	-	maschile plurale
m, f	-	maschile, femminile
pl	-	plurale
v aux	-	verbo ausiliare
vi	-	verbo intransitivo
vi, vt	-	verbo intransitivo, transitivo

vr	-	verbo riflessivo
vt	-	verbo transitivo

CONCETTI DI BASE

1. Pronomi

io	**eu**	['ew]
tu	**você**	[vɔ'se]
lui	**ele**	['ɛli]
lei	**ela**	['ɛla]
noi	**nós**	[nɔs]
voi	**vocês**	[vɔ'ses]
loro (masc.)	**eles**	['ɛlis]
loro (fem.)	**elas**	['ɛlas]

2. Saluti. Convenevoli

Salve!	**Oi!**	[ɔj]
Buongiorno!	**Olá!**	[o'la]
Buongiorno! (la mattina)	**Bom dia!**	[bõ 'ʤia]
Buon pomeriggio!	**Boa tarde!**	['boa 'tarʤi]
Buonasera!	**Boa noite!**	['boa 'nojʧi]
salutare (vt)	**cumprimentar** (vt)	[kũprimẽ'tar]
Ciao! Salve!	**Oi!**	[ɔj]
saluto (m)	**saudação** (f)	[sawda'sãw]
salutare (vt)	**saudar** (vt)	[saw'dar]
Come sta?	**Como você está?**	['kɔmu vo'se is'ta]
Come stai?	**Como vai?**	['kɔmu 'vaj]
Che c'è di nuovo?	**E aí, novidades?**	[a a'i novi'daʤis]
Arrivederci!	**Tchau!**	['ʧaw]
A presto!	**Até breve!**	[a'tɛ 'brɛvi]
Addio!	**Adeus!**	[a'dews]
congedarsi (vr)	**despedir-se** (vr)	[ʤispe'ʤirsi]
Ciao! (A presto!)	**Até mais!**	[a'tɛ majs]
Grazie!	**Obrigado! -a!**	[obri'gadu, -a]
Grazie mille!	**Muito obrigado! -a!**	['mw̃itu obri'gadu, -a]
Prego	**De nada**	[de 'nada]
Non c'è di che!	**Não tem de quê**	['nãw tẽj de ke]
Di niente	**Não foi nada!**	['nãw foj 'nada]
Scusa!	**Desculpa!**	[ʤis'kuwpa]
Scusi!	**Desculpe!**	[ʤis'kuwpe]
scusare (vt)	**desculpar** (vt)	[ʤiskuw'par]
scusarsi (vr)	**desculpar-se** (vr)	[ʤiskuw'parsi]
Chiedo scusa	**Me desculpe**	[mi ʤis'kuwpe]

Mi perdoni!	**Desculpe!**	[dʒis'kuwpe]
perdonare (vt)	**perdoar** (vt)	[per'dwar]
Non fa niente	**Não faz mal**	['nãw fajʒ maw]
per favore	**por favor**	[por fa'vor]
Non dimentichi!	**Não se esqueça!**	['nãw si is'kesa]
Certamente!	**Com certeza!**	[kõ ser'teza]
Certamente no!	**Claro que não!**	['klaru ki 'nãw]
D'accordo!	**Está bem! De acordo!**	[is'ta bẽj], [de a'kordu]
Basta!	**Chega!**	['ʃega]

3. Domande

Chi?	**Quem?**	[kẽj]
Che cosa?	**O que?**	[u ki]
Dove? (in che luogo?)	**Onde?**	['õdʒi]
Dove? (~ vai?)	**Para onde?**	['para 'õdʒi]
Di dove?, Da dove?	**De onde?**	[de 'õdʒi]
Quando?	**Quando?**	['kwãdu]
Perché? (per quale scopo?)	**Para quê?**	['para ke]
Perché? (per quale ragione?)	**Por quê?**	[por 'ke]
Per che cosa?	**Para quê?**	['para ke]
Come?	**Como?**	['kɔmu]
Che? (~ colore è?)	**Qual?**	[kwaw]
Quale?	**Qual?**	[kwaw]
A chi?	**A quem?**	[a kẽj]
Di chi?	**De quem?**	[de kẽj]
Di che cosa?	**Do quê?**	[du ke]
Con chi?	**Com quem?**	[kõ kẽj]
Quanti?	**Quantos? -as?**	['kwãtus, -as]
Quanto?	**Quanto?**	['kwãtu]
Di chi?	**De quem?**	[de kẽj]

4. Preposizioni

con (tè ~ il latte)	**com**	[kõ]
senza	**sem**	[sẽ]
a (andare ~ …)	**a …, para …**	[a], ['para]
di (parlare ~ …)	**sobre …**	['sobri]
prima di …	**antes de …**	['ãtʃis de]
di fronte a …	**em frente de ...**	[ẽ 'frẽtʃi de]
sotto (avv)	**debaixo de …**	[de'baɪʃu de]
sopra (al di ~)	**sobre …, em cima de …**	['sobri], [ẽ 'sima de]
su (sul tavolo, ecc.)	**em …, sobre …**	[ẽ], ['sobri]
da, di (via da …, fuori di …)	**de …**	[de]
di (fatto ~ cartone)	**de …**	[de]
fra (~ dieci minuti)	**em ...**	[ẽ]
attraverso (dall'altra parte)	**por cima de …**	[por 'sima de]

5. Parole grammaticali. Avverbi. Parte 1

Dove?	**Onde?**	['õdʒi]
qui (in questo luogo)	**aqui**	[a'ki]
lì (in quel luogo)	**lá, ali**	[la], [a'li]
da qualche parte (essere ~)	**em algum lugar**	[ẽ aw'gũ lu'gar]
da nessuna parte	**em lugar nenhum**	[ẽ lu'gar ne'ɲũ]
vicino a ...	**perto de ...**	['pɛrtu de]
vicino alla finestra	**perto da janela**	['pɛrtu da ʒa'nɛla]
Dove?	**Para onde?**	['para 'õdʒi]
qui (vieni ~)	**aqui**	[a'ki]
ci (~ vado stasera)	**para lá**	['para la]
da qui	**daqui**	[da'ki]
da lì	**de lá, dali**	[de la], [da'li]
vicino, accanto (avv)	**perto**	['pɛrtu]
lontano (avv)	**longe**	['lõʒi]
vicino (~ a Parigi)	**perto de ...**	['pɛrtu de]
vicino (qui ~)	**à mão, perto**	[a mãw], ['pɛrtu]
non lontano	**não fica longe**	['nãw 'fika 'lõʒi]
sinistro (agg)	**esquerdo**	[is'kerdu]
a sinistra (rimanere ~)	**à esquerda**	[a is'kerda]
a sinistra (girare ~)	**para a esquerda**	['para a is'kerda]
destro (agg)	**direito**	[dʒi'rejtu]
a destra (rimanere ~)	**à direita**	[a dʒi'rejta]
a destra (girare ~)	**para a direita**	['para a dʒi'rejta]
davanti	**em frente**	[ẽ 'frẽtʃi]
anteriore (agg)	**da frente**	[da 'frẽtʃi]
avanti	**adiante**	[a'dʒjãtʃi]
dietro (avv)	**atrás de ...**	[a'trajs de]
da dietro	**de trás**	[de trajs]
indietro	**para trás**	['para trajs]
mezzo (m), centro (m)	**meio** (m), **metade** (f)	['meju], [me'tadʒi]
in mezzo, al centro	**no meio**	[nu 'meju]
di fianco	**do lado**	[du 'ladu]
dappertutto	**em todo lugar**	[ẽ 'todu lu'gar]
attorno	**por todos os lados**	[por 'todus os 'ladus]
da dentro	**de dentro**	[de 'dẽtru]
da qualche parte (andare ~)	**para algum lugar**	['para aw'gũ lu'gar]
dritto (direttamente)	**diretamente**	[dʒireta'mẽtʃi]
indietro	**de volta**	[de 'vɔwta]
da qualsiasi parte	**de algum lugar**	[de aw'gũ lu'gar]
da qualche posto (veniamo ~)	**de algum lugar**	[de aw'gũ lu'gar]

in primo luogo	**em primeiro lugar**	[ẽ pri'mejru lu'gar]
in secondo luogo	**em segundo lugar**	[ẽ se'gũdu lu'gar]
in terzo luogo	**em terceiro lugar**	[ẽ ter'sejru lu'gar]
all'improvviso	**de repente**	[de he'pẽtʃi]
all'inizio	**no início**	[nu i'nisju]
per la prima volta	**pela primeira vez**	['pɛla pri'mejra 'vez]
molto tempo prima di...	**muito antes de ...**	['mwĩtu 'ãtʃis de]
di nuovo	**de novo**	[de 'novu]
per sempre	**para sempre**	['para 'sẽpri]
mai	**nunca**	['nũka]
ancora	**de novo**	[de 'novu]
adesso	**agora**	[a'gɔra]
spesso (avv)	**frequentemente**	[frekwẽtʃi'mẽtʃi]
allora	**então**	[ẽ'tãw]
urgentemente	**urgentemente**	[urʒẽte'mẽtʃi]
di solito	**normalmente**	[nɔrmaw'mẽtʃi]
a proposito, ...	**a propósito, ...**	[a pro'pɔzitu]
è possibile	**é possível**	[ɛ po'sivew]
probabilmente	**provavelmente**	[provavɛw'mẽtʃi]
forse	**talvez**	[taw'vez]
inoltre ...	**além disso, ...**	[a'lẽj 'dʒisu]
ecco perché ...	**por isso ...**	[por 'isu]
nonostante (~ tutto)	**apesar de ...**	[ape'zar de]
grazie a ...	**graças a ...**	['grasas a]
che cosa (pron)	**que**	[ki]
che (cong)	**que**	[ki]
qualcosa (qualsiasi cosa)	**algo**	[awgu]
qualcosa (le serve ~?)	**alguma coisa**	[aw'guma 'kojza]
niente	**nada**	['nada]
chi (pron)	**quem**	[kẽj]
qualcuno (annuire a ~)	**alguém**	[aw'gẽj]
qualcuno (dipendere da ~)	**alguém**	[aw'gẽj]
nessuno	**ninguém**	[nĩ'gẽj]
da nessuna parte	**para lugar nenhum**	['para lu'gar ne'ɲũ]
di nessuno	**de ninguém**	[de nĩ'gẽj]
di qualcuno	**de alguém**	[de aw'gẽj]
così (era ~ arrabbiato)	**tão**	[tãw]
anche (penso ~ a ...)	**também**	[tã'bẽj]
anche, pure	**também**	[tã'bẽj]

6. Parole grammaticali. Avverbi. Parte 2

Perché?	**Por quê?**	[por 'ke]
per qualche ragione	**por alguma razão**	[por aw'guma ha'zãw]
perché ...	**porque ...**	[por'ke]
per qualche motivo	**por qualquer razão**	[por kwaw'ker ha'zãw]
e (cong)	**e**	[i]

o (sì ~ no?)	**ou**	['o]
ma (però)	**mas**	[mas]
per (~ me)	**para**	['para]
troppo	**muito, demais**	['mwĩtu], [dʒi'majs]
solo (avv)	**só, somente**	[sɔ], [sɔ'mẽtʃi]
esattamente	**exatamente**	[ɛzata'mẽtʃi]
circa (~ 10 dollari)	**cerca de ...**	['serka de]
approssimativamente	**aproximadamente**	[aprosimada'mẽti]
approssimativo (agg)	**aproximado**	[aprosi'madu]
quasi	**quase**	['kwazi]
resto	**resto** (m)	['hɛstu]
l'altro (~ libro)	**o outro**	[u 'otru]
altro (differente)	**outro**	['otru]
ogni (agg)	**cada**	['kada]
qualsiasi (agg)	**qualquer**	[kwaw'ker]
molti	**muitos, muitas**	['mwĩtos], ['mwĩtas]
molto (avv)	**muito**	['mwĩtu]
molta gente	**muitas pessoas**	['mwĩtas pe'soas]
tutto, tutti	**todos**	['todus]
in cambio di ...	**em troca de ...**	[ẽ 'trɔka de]
in cambio	**em troca**	[ẽ 'trɔka]
a mano (fatto ~)	**à mão**	[a mãw]
poco probabile	**pouco provável**	['poku pro'vavew]
probabilmente	**provavelmente**	[provavɛw'mẽtʃi]
apposta	**de propósito**	[de pro'pɔzitu]
per caso	**por acidente**	[por asi'dẽtʃi]
molto (avv)	**muito**	['mwĩtu]
per esempio	**por exemplo**	[por e'zẽplu]
fra (~ due)	**entre**	['ẽtri]
fra (~ più di due)	**entre, no meio de ...**	['ẽtri], [nu 'meju de]
tanto (quantità)	**tanto**	['tãtu]
soprattutto	**especialmente**	[ispesjal'mẽte]

NUMERI. VARIE

7. Numeri cardinali. Parte 1

zero (m)	**zero**	['zɛru]
uno	**um**	[ũ]
due	**dois**	['dojs]
tre	**três**	[tres]
quattro	**quatro**	['kwatru]
cinque	**cinco**	['sĩku]
sei	**seis**	[sejs]
sette	**sete**	['sɛtʃi]
otto	**oito**	['ojtu]
nove	**nove**	['nɔvi]
dieci	**dez**	[dɛz]
undici	**onze**	['õzi]
dodici	**doze**	['dozi]
tredici	**treze**	['trezi]
quattordici	**catorze**	[ka'torzi]
quindici	**quinze**	['kĩzi]
sedici	**dezesseis**	[deze'sejs]
diciassette	**dezessete**	[dezi'setʃi]
diciotto	**dezoito**	[dʒi'zojtu]
diciannove	**dezenove**	[deze'nɔvi]
venti	**vinte**	['vĩtʃi]
ventuno	**vinte e um**	['vĩtʃi i ũ]
ventidue	**vinte e dois**	['vĩtʃi i 'dojs]
ventitre	**vinte e três**	['vĩtʃi i 'tres]
trenta	**trinta**	['trĩta]
trentuno	**trinta e um**	['trĩta i ũ]
trentadue	**trinta e dois**	['trĩta i 'dojs]
trentatre	**trinta e três**	['trĩta i 'tres]
quaranta	**quarenta**	[kwa'rẽta]
quarantuno	**quarenta e um**	[kwa'rẽta i 'ũ]
quarantadue	**quarenta e dois**	[kwa'rẽta i 'dojs]
quarantatre	**quarenta e três**	[kwa'rẽta i 'tres]
cinquanta	**cinquenta**	[sĩ'kwẽta]
cinquantuno	**cinquenta e um**	[sĩ'kwẽta i ũ]
cinquantadue	**cinquenta e dois**	[sĩ'kwẽta i 'dojs]
cinquantatre	**cinquenta e três**	[sĩ'kwẽta i 'tres]
sessanta	**sessenta**	[se'sẽta]
sessantuno	**sessenta e um**	[se'sẽta i ũ]

sessantadue	**sessenta e dois**	[se'sẽta i 'dojs]
sessantatre	**sessenta e três**	[se'sẽta i 'tres]
settanta	**setenta**	[se'tẽta]
settantuno	**setenta e um**	[se'tẽta i ũ]
settantadue	**setenta e dois**	[se'tẽta i 'dojs]
settantatre	**setenta e três**	[se'tẽta i 'tres]
ottanta	**oitenta**	[oj'tẽta]
ottantuno	**oitenta e um**	[oj'tẽta i 'ũ]
ottantadue	**oitenta e dois**	[oj'tẽta i 'dojs]
ottantatre	**oitenta e três**	[oj'tẽta i 'tres]
novanta	**noventa**	[no'vẽta]
novantuno	**noventa e um**	[no'vẽta i 'ũ]
novantadue	**noventa e dois**	[no'vẽta i 'dojs]
novantatre	**noventa e três**	[no'vẽta i 'tres]

8. Numeri cardinali. Parte 2

cento	**cem**	[sẽ]
duecento	**duzentos**	[du'zẽtus]
trecento	**trezentos**	[tre'zẽtus]
quattrocento	**quatrocentos**	[kwatro'sẽtus]
cinquecento	**quinhentos**	[ki'ɲẽtus]
seicento	**seiscentos**	[sej'sẽtus]
settecento	**setecentos**	[sete'sẽtus]
ottocento	**oitocentos**	[ojtu'sẽtus]
novecento	**novecentos**	[nove'sẽtus]
mille	**mil**	[miw]
duemila	**dois mil**	['dojs miw]
tremila	**três mil**	['tres miw]
diecimila	**dez mil**	['dɛz miw]
centomila	**cem mil**	[sẽ miw]
milione (m)	**um milhão**	[ũ mi'ʎãw]
miliardo (m)	**um bilhão**	[ũ bi'ʎãw]

9. Numeri ordinali

primo	**primeiro**	[pri'mejru]
secondo	**segundo**	[se'gũdu]
terzo	**terceiro**	[ter'sejru]
quarto	**quarto**	['kwartu]
quinto	**quinto**	['kĩtu]
sesto	**sexto**	['sestu]
settimo	**sétimo**	['sɛtʃimu]
ottavo	**oitavo**	[oj'tavu]
nono	**nono**	['nonu]
decimo	**décimo**	['dɛsimu]

COLORI. UNITÀ DI MISURA

10. Colori

colore (m)	**cor** (f)	[kɔr]
sfumatura (f)	**tom** (m)	[tõ]
tono (m)	**tonalidade** (m)	[tonali'dadʒi]
arcobaleno (m)	**arco-íris** (m)	['arku 'iris]
bianco (agg)	**branco**	['brãku]
nero (agg)	**preto**	['pretu]
grigio (agg)	**cinza**	['sĩza]
verde (agg)	**verde**	['verdʒi]
giallo (agg)	**amarelo**	[ama'rɛlu]
rosso (agg)	**vermelho**	[ver'meʎu]
blu (agg)	**azul**	[a'zuw]
azzurro (agg)	**azul claro**	[a'zuw 'klaru]
rosa (agg)	**rosa**	['hɔza]
arancione (agg)	**laranja**	[la'rãʒa]
violetto (agg)	**violeta**	[vjo'leta]
marrone (agg)	**marrom**	[ma'hõ]
d'oro (agg)	**dourado**	[do'radu]
argenteo (agg)	**prateado**	[pra'tʃjadu]
beige (agg)	**bege**	['bɛʒi]
color crema (agg)	**creme**	['krɛmi]
turchese (agg)	**turquesa**	[tur'keza]
rosso ciliegia (agg)	**vermelho cereja**	[ver'meʎu se'reʒa]
lilla (agg)	**lilás**	[li'las]
rosso lampone (agg)	**carmim**	[kah'mĩ]
chiaro (agg)	**claro**	['klaru]
scuro (agg)	**escuro**	[is'kuru]
vivo, vivido (agg)	**vivo**	['vivu]
colorato (agg)	**de cor**	[de kɔr]
a colori	**a cores**	[a 'kores]
bianco e nero (agg)	**preto e branco**	['pretu i 'brãku]
in tinta unita	**de uma só cor**	[de 'uma sɔ kɔr]
multicolore (agg)	**multicolor**	[muwtʃiko'lor]

11. Unità di misura

peso (m)	**peso** (m)	['pezu]
lunghezza (f)	**comprimento** (m)	[kõpri'mẽtu]

larghezza (f)	**largura** (f)	[lar'gura]
altezza (f)	**altura** (f)	[aw'tura]
profondità (f)	**profundidade** (f)	[profũdʒi'dadʒi]
volume (m)	**volume** (m)	[vo'lumi]
area (f)	**área** (f)	['arja]
grammo (m)	**grama** (m)	['grama]
milligrammo (m)	**miligrama** (m)	[mili'grama]
chilogrammo (m)	**quilograma** (m)	[kilo'grama]
tonnellata (f)	**tonelada** (f)	[tune'lada]
libbra (f)	**libra** (f)	['libra]
oncia (f)	**onça** (f)	['õsa]
metro (m)	**metro** (m)	['mɛtru]
millimetro (m)	**milímetro** (m)	[mi'limetru]
centimetro (m)	**centímetro** (m)	[sẽ'tʃimetru]
chilometro (m)	**quilômetro** (m)	[ki'lometru]
miglio (m)	**milha** (f)	['miʎa]
pollice (m)	**polegada** (f)	[pole'gada]
piede (f)	**pé** (m)	[pɛ]
iarda (f)	**jarda** (f)	['ʒarda]
metro (m) quadro	**metro** (m) **quadrado**	['mɛtru kwa'dradu]
ettaro (m)	**hectare** (m)	[ek'tari]
litro (m)	**litro** (m)	['litru]
grado (m)	**grau** (m)	[graw]
volt (m)	**volt** (m)	['vɔwtʃi]
ampere (m)	**ampère** (m)	[ã'pɛri]
cavallo vapore (m)	**cavalo** (m) **de potência**	[ka'valu de po'tẽsja]
quantità (f)	**quantidade** (f)	[kwãtʃi'dadʒi]
un po' di ...	**um pouco de ...**	[ũ 'poku de]
metà (f)	**metade** (f)	[me'tadʒi]
dozzina (f)	**dúzia** (f)	['duzja]
pezzo (m)	**peça** (f)	['pɛsa]
dimensione (f)	**tamanho** (m), **dimensão** (f)	[ta'maɲu], [dʒimẽ'sãw]
scala (f) (modello in ~)	**escala** (f)	[is'kala]
minimo (agg)	**mínimo**	['minimu]
minore (agg)	**menor, mais pequeno**	[me'nɔr], [majs pe'kenu]
medio (agg)	**médio**	['mɛdʒju]
massimo (agg)	**máximo**	['masimu]
maggiore (agg)	**maior, mais grande**	[ma'jɔr], [majs 'grãdʒi]

12. Contenitori

barattolo (m) di vetro	**pote** (m) **de vidro**	['pɔtʃi de 'vidru]
latta, lattina (f)	**lata** (f)	['lata]
secchio (m)	**balde** (m)	['bawdʒi]
barile (m), botte (f)	**barril** (m)	[ba'hiw]
catino (m)	**bacia** (f)	[ba'sia]

serbatoio (m) (per liquidi)	**tanque** (m)	['tãki]
fiaschetta (f)	**cantil** (m) **de bolso**	[kã'tʃiw dʒi 'bowsu]
tanica (f)	**galão** (m) **de gasolina**	[ga'lãw de gazo'lina]
cisterna (f)	**cisterna** (f)	[sis'tɛrna]
tazza (f)	**caneca** (f)	[ka'nɛka]
tazzina (f) (~ di caffé)	**xícara** (f)	['ʃikara]
piattino (m)	**pires** (m)	['piris]
bicchiere (m) (senza stelo)	**copo** (m)	['kɔpu]
calice (m)	**taça** (f) **de vinho**	['tasa de 'viɲu]
casseruola (f)	**panela** (f)	[pa'nɛla]
bottiglia (f)	**garrafa** (f)	[ga'hafa]
collo (m) (~ della bottiglia)	**gargalo** (m)	[gar'galu]
caraffa (f)	**jarra** (f)	['ʒaha]
brocca (f)	**jarro** (m)	['ʒahu]
recipiente (m)	**recipiente** (m)	[hesi'pjẽtʃi]
vaso (m) di coccio	**pote** (m)	['pɔtʃi]
vaso (m) di fiori	**vaso** (m)	['vazu]
boccetta (f) (~ di profumo)	**frasco** (m)	['frasku]
fiala (f)	**frasquinho** (m)	[fras'kiɲu]
tubetto (m)	**tubo** (m)	['tubu]
sacco (m) (~ di patate)	**saco** (m)	['saku]
sacchetto (m) (~ di plastica)	**sacola** (f)	[sa'kɔla]
pacchetto (m) (~ di sigarette, ecc.)	**maço** (m)	['masu]
scatola (f) (~ per scarpe)	**caixa** (f)	['kaɪʃa]
cassa (f) (~ di vino, ecc.)	**caixote** (m)	[kaj'ʃɔtʃi]
cesta (f)	**cesto** (m)	['sestu]

I VERBI PIÙ IMPORTANTI

13. I verbi più importanti. Parte 1

accorgersi (vr)	**perceber** (vt)	[perse'ber]
afferrare (vt)	**pegar** (vt)	[pe'gar]
affittare (dare in affitto)	**alugar** (vt)	[alu'gar]
aiutare (vt)	**ajudar** (vt)	[aʒu'dar]
amare (qn)	**amar** (vt)	[a'mar]
andare (camminare)	**ir** (vi)	[ir]
annotare (vt)	**anotar** (vt)	[ano'tar]
appartenere (vi)	**pertencer** (vt)	[pertẽ'ser]
aprire (vt)	**abrir** (vt)	[a'brir]
arrivare (vi)	**chegar** (vi)	[ʃe'gar]
aspettare (vt)	**esperar** (vt)	[ispe'rar]
avere (vt)	**ter** (vt)	[ter]
avere fame	**ter fome**	[ter 'fɔmi]
avere fretta	**apressar-se** (vr)	[apre'sarsi]
avere paura	**ter medo**	[ter 'medu]
avere sete	**ter sede**	[ter 'sedʒi]
avvertire (vt)	**advertir** (vt)	[adʒiver'tʃir]
cacciare (vt)	**caçar** (vi)	[ka'sar]
cadere (vi)	**cair** (vi)	[ka'ir]
cambiare (vt)	**mudar** (vt)	[mu'dar]
capire (vt)	**entender** (vt)	[ẽtẽ'der]
cenare (vi)	**jantar** (vi)	[ʒã'tar]
cercare (vt)	**buscar** (vt)	[bus'kar]
cessare (vt)	**cessar** (vt)	[se'sar]
chiedere (~ aiuto)	**chamar** (vt)	[ʃa'mar]
chiedere (domandare)	**perguntar** (vt)	[pergũ'tar]
cominciare (vt)	**começar** (vt)	[kome'sar]
comparare (vt)	**comparar** (vt)	[kõpa'rar]
confondere (vt)	**confundir** (vt)	[kõfũ'dʒir]
conoscere (qn)	**conhecer** (vt)	[koɲe'ser]
conservare (vt)	**guardar** (vt)	[gwar'dar]
consigliare (vt)	**aconselhar** (vt)	[akõse'ʎar]
contare (calcolare)	**contar** (vt)	[kõ'tar]
contare su ...	**contar com ...**	[kõ'tar kõ]
continuare (vt)	**continuar** (vt)	[kõtʃi'nwar]
controllare (vt)	**controlar** (vt)	[kõtro'lar]
correre (vi)	**correr** (vi)	[ko'her]
costare (vt)	**custar** (vt)	[kus'tar]
creare (vt)	**criar** (vt)	[krjar]
cucinare (vi)	**preparar** (vt)	[prepa'rar]

14. I verbi più importanti. Parte 2

dare (vt)	**dar** (vt)	[dar]
dare un suggerimento	**dar uma dica**	[dar 'uma 'ʤika]
decorare (adornare)	**decorar** (vt)	[deko'rar]
difendere (~ un paese)	**defender** (vt)	[defẽ'der]
dimenticare (vt)	**esquecer** (vt)	[iske'ser]
dire (~ la verità)	**dizer** (vt)	[ʤi'zer]
dirigere (compagnia, ecc.)	**dirigir** (vt)	[ʤiri'ʒir]
discutere (vt)	**discutir** (vt)	[ʤisku'tʃir]
domandare (vt)	**pedir** (vt)	[pe'ʤir]
dubitare (vi)	**duvidar** (vt)	[duvi'dar]
entrare (vi)	**entrar** (vi)	[ẽ'trar]
esigere (vt)	**exigir** (vt)	[ezi'ʒir]
esistere (vi)	**existir** (vi)	[ezis'tʃir]
essere (~ a dieta)	**estar** (vi)	[is'tar]
essere (~ un insegnante)	**ser** (vi)	[ser]
essere d'accordo	**concordar** (vi)	[kõkor'dar]
fare (vt)	**fazer** (vt)	[fa'zer]
fare colazione	**tomar café da manhã**	[to'mar ka'fɛ da ma'ɲã]
fare il bagno	**ir nadar**	[ir na'dar]
fermarsi (vr)	**parar** (vi)	[pa'rar]
fidarsi (vr)	**confiar** (vt)	[kõ'fjar]
finire (vt)	**acabar, terminar** (vt)	[aka'bar], [termi'nar]
firmare (~ un documento)	**assinar** (vt)	[asi'nar]
giocare (vi)	**brincar, jogar** (vi, vt)	[brĩ'kar], [ʒo'gar]
girare (~ a destra)	**virar** (vi)	[vi'rar]
gridare (vi)	**gritar** (vi)	[gri'tar]
indovinare (vt)	**adivinhar** (vt)	[adʒivi'ɲar]
informare (vt)	**informar** (vt)	[ĩfor'mar]
ingannare (vt)	**enganar** (vt)	[ẽga'nar]
insistere (vi)	**insistir** (vi)	[ĩsis'tʃir]
insultare (vt)	**insultar** (vt)	[ĩsuw'tar]
interessarsi di ...	**interessar-se** (vr)	[ĩtere'sarsi]
invitare (vt)	**convidar** (vt)	[kõvi'dar]
lamentarsi (vr)	**queixar-se** (vr)	[kej'ʃarsi]
lasciar cadere	**deixar cair** (vt)	[dej'ʃar ka'ir]
lavorare (vi)	**trabalhar** (vi)	[traba'ʎar]
leggere (vi, vt)	**ler** (vt)	[ler]
liberare (vt)	**libertar, liberar** (vt)	[liber'tar], [libe'rar]

15. I verbi più importanti. Parte 3

mancare le lezioni	**faltar a ...**	[faw'tar a]
mandare (vt)	**enviar** (vt)	[ẽ'vjar]
menzionare (vt)	**mencionar** (vt)	[mẽsjo'nar]

minacciare (vt)	**ameaçar** (vt)	[amea'sar]
mostrare (vt)	**mostrar** (vt)	[mos'trar]
nascondere (vt)	**esconder** (vt)	[iskõ'der]
nuotare (vi)	**nadar** (vi)	[na'dar]
obiettare (vt)	**objetar** (vt)	[obʒe'tar]
occorrere (vimp)	**ser necessário**	[ser nese'sarju]
ordinare (~ il pranzo)	**pedir** (vt)	[pe'ʤir]
ordinare (mil.)	**ordenar** (vt)	[orde'nar]
osservare (vt)	**observar** (vt)	[obser'var]
pagare (vi, vt)	**pagar** (vt)	[pa'gar]
parlare (vi, vt)	**falar** (vi)	[fa'lar]
partecipare (vi)	**participar** (vi)	[partʃisi'par]
pensare (vi, vt)	**pensar** (vi, vt)	[pẽ'sar]
perdonare (vt)	**perdoar** (vt)	[per'dwar]
permettere (vt)	**permitir** (vt)	[permi'tʃir]
piacere (vi)	**gostar** (vt)	[gos'tar]
piangere (vi)	**chorar** (vi)	[ʃo'rar]
pianificare (vt)	**planejar** (vt)	[plane'ʒar]
possedere (vt)	**possuir** (vt)	[po'swir]
potere (v aus)	**poder** (vi)	[po'der]
pranzare (vi)	**almoçar** (vi)	[awmo'sar]
preferire (vt)	**preferir** (vt)	[prefe'rir]
pregare (vi, vt)	**rezar, orar** (vi)	[he'zar], [o'rar]
prendere (vt)	**pegar** (vt)	[pe'gar]
prevedere (vt)	**prever** (vt)	[pre'ver]
promettere (vt)	**prometer** (vt)	[prome'ter]
pronunciare (vt)	**pronunciar** (vt)	[pronũ'sjar]
proporre (vt)	**propor** (vt)	[pro'por]
punire (vt)	**punir** (vt)	[pu'nir]
raccomandare (vt)	**recomendar** (vt)	[hekomẽ'dar]
ridere (vi)	**rir** (vi)	[hir]
rifiutarsi (vr)	**negar-se** (vt)	[ne'garsi]
rincrescere (vi)	**arrepender-se** (vr)	[ahepẽ'dersi]
ripetere (ridire)	**repetir** (vt)	[hepe'tʃir]
riservare (vt)	**reservar** (vt)	[hezer'var]
rispondere (vi, vt)	**responder** (vt)	[hespõ'der]
rompere (spaccare)	**quebrar** (vt)	[ke'brar]
rubare (~ i soldi)	**roubar** (vt)	[ho'bar]

16. I verbi più importanti. Parte 4

salvare (~ la vita a qn)	**salvar** (vt)	[saw'var]
sapere (vt)	**saber** (vt)	[sa'ber]
sbagliare (vi)	**errar** (vi)	[e'har]
scavare (vt)	**cavar** (vt)	[ka'var]
scegliere (vt)	**escolher** (vt)	[isko'ʎer]
scendere (vi)	**descer** (vi)	[de'ser]

scherzare (vi)	**brincar** (vi)	[brĩ'kar]
scrivere (vt)	**escrever** (vt)	[iskre'ver]
scusare (vt)	**desculpar** (vt)	[ʤiskuw'par]
scusarsi (vr)	**desculpar-se** (vr)	[ʤiskuw'parsi]
sedersi (vr)	**sentar-se** (vr)	[sẽ'tarsi]
seguire (vt)	**seguir ...**	[se'gir]
sgridare (vt)	**ralhar, repreender** (vt)	[ha'ʎar], [heprjẽ'der]
significare (vt)	**significar** (vt)	[signifi'kar]
sorridere (vi)	**sorrir** (vi)	[so'hir]
sottovalutare (vt)	**subestimar** (vt)	[subestʃi'mar]
sparare (vi)	**disparar, atirar** (vi)	[ʤispa'rar], [atʃi'rar]
sperare (vi, vt)	**esperar** (vi, vt)	[ispe'rar]
spiegare (vt)	**explicar** (vt)	[ispli'kar]
studiare (vt)	**estudar** (vt)	[istu'dar]
stupirsi (vr)	**surpreender-se** (vr)	[surprjẽ'dersi]
tacere (vi)	**ficar em silêncio**	[fi'kar ẽ si'lẽsju]
tentare (vt)	**tentar** (vt)	[tẽ'tar]
toccare (~ con le mani)	**tocar** (vt)	[to'kar]
tradurre (vt)	**traduzir** (vt)	[tradu'zir]
trovare (vt)	**encontrar** (vt)	[ẽkõ'trar]
uccidere (vt)	**matar** (vt)	[ma'tar]
udire (percepire suoni)	**ouvir** (vt)	[o'vir]
unire (vt)	**unir** (vt)	[u'nir]
uscire (vi)	**sair** (vi)	[sa'ir]
vantarsi (vr)	**gabar-se** (vr)	[ga'barsi]
vedere (vt)	**ver** (vt)	[ver]
vendere (vt)	**vender** (vt)	[vẽ'der]
volare (vi)	**voar** (vi)	[vo'ar]
volere (desiderare)	**querer** (vt)	[ke'rer]

ORARIO. CALENDARIO

17. Giorni della settimana

lunedì (m)	**segunda-feira** (f)	[se'gũda-'fejra]
martedì (m)	**terça-feira** (f)	['tersa 'fejra]
mercoledì (m)	**quarta-feira** (f)	['kwarta-'fejra]
giovedì (m)	**quinta-feira** (f)	['kĩta-'fejra]
venerdì (m)	**sexta-feira** (f)	['sesta-'fejra]
sabato (m)	**sábado** (m)	['sabadu]
domenica (f)	**domingo** (m)	[do'mĩgu]
oggi (avv)	**hoje**	['oʒi]
domani	**amanhã**	[ama'ɲã]
dopodomani	**depois de amanhã**	[de'pojs de ama'ɲã]
ieri (avv)	**ontem**	['õtẽ]
l'altro ieri	**anteontem**	[ãtʃi'õtẽ]
giorno (m)	**dia** (m)	['dʒia]
giorno (m) lavorativo	**dia** (m) **de trabalho**	['dʒia de tra'baʎu]
giorno (m) festivo	**feriado** (m)	[fe'rjadu]
giorno (m) di riposo	**dia** (m) **de folga**	['dʒia de 'fɔwga]
fine (m) settimana	**fim** (m) **de semana**	[fĩ de se'mana]
tutto il giorno	**o dia todo**	[u 'dʒia 'todu]
l'indomani	**no dia seguinte**	[nu 'dʒia se'gĩtʃi]
due giorni fa	**há dois dias**	[a 'dojs 'dʒias]
il giorno prima	**na véspera**	[na 'vɛspera]
quotidiano (agg)	**diário**	['dʒjarju]
ogni giorno	**todos os dias**	['todus us 'dʒias]
settimana (f)	**semana** (f)	[se'mana]
la settimana scorsa	**na semana passada**	[na se'mana pa'sada]
la settimana prossima	**semana que vem**	[se'mana ke vẽj]
settimanale (agg)	**semanal**	[sema'naw]
ogni settimana	**toda semana**	['tɔda se'mana]
due volte alla settimana	**duas vezes por semana**	['duas 'vezis por se'mana]
ogni martedì	**toda terça-feira**	['tɔda tersa 'fejra]

18. Ore. Giorno e notte

mattina (f)	**manhã** (f)	[ma'ɲã]
di mattina	**de manhã**	[de ma'ɲã]
mezzogiorno (m)	**meio-dia** (m)	['meju 'dʒia]
nel pomeriggio	**à tarde**	[a 'tardʒi]
sera (f)	**tardinha** (f)	[tar'dʒiɲa]
di sera	**à tardinha**	[a tar'dʒiɲa]

notte (f)	**noite** (f)	['nojtʃi]
di notte	**à noite**	[a 'nojtʃi]
mezzanotte (f)	**meia-noite** (f)	['meja 'nojtʃi]
secondo (m)	**segundo** (m)	[se'gũdu]
minuto (m)	**minuto** (m)	[mi'nutu]
ora (f)	**hora** (f)	['ɔra]
mezzora (f)	**meia hora** (f)	['meja 'ɔra]
un quarto d'ora	**quarto** (m) **de hora**	['kwartu de 'ɔra]
quindici minuti	**quinze minutos**	['kĩzi mi'nutus]
ventiquattro ore	**vinte e quatro horas**	['vĩtʃi i 'kwatru 'ɔras]
levata (f) del sole	**nascer** (m) **do sol**	[na'ser du sɔw]
alba (f)	**amanhecer** (m)	[amaɲe'ser]
mattutino (m)	**madrugada** (f)	[madru'gada]
tramonto (m)	**pôr-do-sol** (m)	[por du 'sɔw]
di buon mattino	**de madrugada**	[de madru'gada]
stamattina	**esta manhã**	['ɛsta ma'ɲã]
domattina	**amanhã de manhã**	[ama'ɲã de ma'ɲã]
oggi pomeriggio	**esta tarde**	['ɛsta 'tarʤi]
nel pomeriggio	**à tarde**	[a 'tarʤi]
domani pomeriggio	**amanhã à tarde**	[ama'ɲã a 'tarʤi]
stasera	**esta noite, hoje à noite**	['ɛsta 'nojtʃi], ['oʒi a 'nojtʃi]
domani sera	**amanhã à noite**	[ama'ɲã a 'nojtʃi]
alle tre precise	**às três horas em ponto**	[as tres 'ɔras ẽ 'põtu]
verso le quattro	**por volta das quatro**	[por 'vɔwta das 'kwatru]
per le dodici	**às doze**	[as 'dozi]
fra venti minuti	**em vinte minutos**	[ẽ 'vĩtʃi mi'nutus]
fra un'ora	**em uma hora**	[ẽ 'uma 'ɔra]
puntualmente	**a tempo**	[a 'tẽpu]
un quarto di ...	**... um quarto para**	[... ũ 'kwartu 'para]
entro un'ora	**dentro de uma hora**	['dẽtru de 'uma 'ɔra]
ogni quindici minuti	**a cada quinze minutos**	[a 'kada 'kĩzi mi'nutus]
giorno e notte	**as vinte e quatro horas**	[as 'vĩtʃi i 'kwatru 'ɔras]

19. Mesi. Stagioni

gennaio (m)	**janeiro** (m)	[ʒa'nejru]
febbraio (m)	**fevereiro** (m)	[feve'rejru]
marzo (m)	**março** (m)	['marsu]
aprile (m)	**abril** (m)	[a'briw]
maggio (m)	**maio** (m)	['maju]
giugno (m)	**junho** (m)	['ʒuɲu]
luglio (m)	**julho** (m)	['ʒuʎu]
agosto (m)	**agosto** (m)	[a'gostu]
settembre (m)	**setembro** (m)	[se'tẽbru]
ottobre (m)	**outubro** (m)	[o'tubru]

novembre (m)	**novembro** (m)	[no'vẽbru]
dicembre (m)	**dezembro** (m)	[de'zẽbru]
primavera (f)	**primavera** (f)	[prima'vɛra]
in primavera	**na primavera**	[na prima'vɛra]
primaverile (agg)	**primaveril**	[primave'riw]
estate (f)	**verão** (m)	[ve'rãw]
in estate	**no verão**	[nu ve'rãw]
estivo (agg)	**de verão**	[de ve'rãw]
autunno (m)	**outono** (m)	[o'tɔnu]
in autunno	**no outono**	[nu o'tɔnu]
autunnale (agg)	**outonal**	[oto'naw]
inverno (m)	**inverno** (m)	[ĩ'vɛrnu]
in inverno	**no inverno**	[nu ĩ'vɛrnu]
invernale (agg)	**de inverno**	[de ĩ'vɛrnu]
mese (m)	**mês** (m)	[mes]
questo mese	**este mês**	['estʃi mes]
il mese prossimo	**mês que vem**	['mes ki vẽj]
il mese scorso	**no mês passado**	[no mes pa'sadu]
un mese fa	**um mês atrás**	[ũ 'mes a'trajs]
fra un mese	**em um mês**	[ẽ ũ mes]
fra due mesi	**em dois meses**	[ẽ dojs 'mezis]
un mese intero	**todo o mês**	['todu u mes]
per tutto il mese	**um mês inteiro**	[ũ mes ĩ'tejru]
mensile (rivista ~)	**mensal**	[mẽ'saw]
mensilmente	**mensalmente**	[mẽsaw'mẽtʃi]
ogni mese	**todo mês**	['todu 'mes]
due volte al mese	**duas vezes por mês**	['duas 'vezis por mes]
anno (m)	**ano** (m)	['anu]
quest'anno	**este ano**	['estʃi 'anu]
l'anno prossimo	**ano que vem**	['anu ki vẽj]
l'anno scorso	**no ano passado**	[nu 'anu pa'sadu]
un anno fa	**há um ano**	[a ũ 'anu]
fra un anno	**em um ano**	[ẽ ũ 'anu]
fra due anni	**dentro de dois anos**	['dẽtru de 'dojs 'anus]
un anno intero	**todo o ano**	['todu u 'anu]
per tutto l'anno	**um ano inteiro**	[ũ 'anu ĩ'tejru]
ogni anno	**cada ano**	['kada 'anu]
annuale (agg)	**anual**	[a'nwaw]
annualmente	**anualmente**	[anwaw'mẽte]
quattro volte all'anno	**quatro vezes por ano**	['kwatru 'vezis por 'anu]
data (f) (~ di oggi)	**data** (f)	['data]
data (f) (~ di nascita)	**data** (f)	['data]
calendario (m)	**calendário** (m)	[kalẽ'darju]
mezz'anno (m)	**meio ano**	['meju 'anu]
semestre (m)	**seis meses**	[sejs 'mezis]

stagione (f) (estate, ecc.)	**estação** (f)	[ista'sãw]
secolo (m)	**século** (m)	['sɛkulu]

VIAGGIO. HOTEL

20. Escursione. Viaggio

turismo (m)	**turismo** (m)	[tu'rizmu]
turista (m)	**turista** (m)	[tu'rista]
viaggio (m) (all'estero)	**viagem** (f)	['vjaʒẽ]
avventura (f)	**aventura** (f)	[avẽ'tura]
viaggio (m) (corto)	**viagem** (f)	['vjaʒẽ]
vacanza (f)	**férias** (f pl)	['fɛrjas]
essere in vacanza	**estar de férias**	[is'tar de 'fɛrjas]
riposo (m)	**descanso** (m)	[ʤis'kãsu]
treno (m)	**trem** (m)	[trẽj]
in treno	**de trem**	[de trẽj]
aereo (m)	**avião** (m)	[a'vjãw]
in aereo	**de avião**	[de a'vjãw]
in macchina	**de carro**	[de 'kaho]
in nave	**de navio**	[de na'viu]
bagaglio (m)	**bagagem** (f)	[ba'gaʒẽ]
valigia (f)	**mala** (f)	['mala]
carrello (m)	**carrinho** (m)	[ka'hiɲu]
passaporto (m)	**passaporte** (m)	[pasa'pɔrtʃi]
visto (m)	**visto** (m)	['vistu]
biglietto (m)	**passagem** (f)	[pa'saʒẽ]
biglietto (m) aereo	**passagem** (f) **aérea**	[pa'saʒẽ a'erja]
guida (f)	**guia** (m) **de viagem**	['gia de vi'aʒẽ]
carta (f) geografica	**mapa** (m)	['mapa]
località (f)	**área** (f)	['arja]
luogo (m)	**lugar** (m)	[lu'gar]
ogetti (m pl) esotici	**exotismo** (m)	[ezo'tʃizmu]
esotico (agg)	**exótico**	[e'zɔtʃiku]
sorprendente (agg)	**surpreendente**	[surprjẽ'dẽtʃi]
gruppo (m)	**grupo** (m)	['grupu]
escursione (f)	**excursão** (f)	[iskur'sãw]
guida (f) (cicerone)	**guia** (m)	['gia]

21. Hotel

albergo (m)	**hotel** (m)	[o'tɛw]
motel (m)	**motel** (m)	[mo'tɛw]
tre stelle	**três estrelas**	['tres is'trelas]

cinque stelle	**cinco estrelas**	['sĩku is'trelas]
alloggiare (vi)	**ficar** (vi, vt)	[fi'kar]
camera (f)	**quarto** (m)	['kwartu]
camera (f) singola	**quarto** (m) **individual**	['kwartu ĩdʒivi'dwaw]
camera (f) doppia	**quarto** (m) **duplo**	['kwartu 'duplu]
prenotare una camera	**reservar um quarto**	[hezer'var ũ 'kwartu]
mezza pensione (f)	**meia pensão** (f)	['meja pẽ'sãw]
pensione (f) completa	**pensão** (f) **completa**	[pẽ'sãw kõ'plɛta]
con bagno	**com banheira**	[kõ ba'ɲejra]
con doccia	**com chuveiro**	[kõ ʃu'vejru]
televisione (f) satellitare	**televisão** (m) **por satélite**	[televi'zãw por sa'tɛlitʃi]
condizionatore (m)	**ar** (m) **condicionado**	[ar kõdʒisjo'nadu]
asciugamano (m)	**toalha** (f)	[to'aʎa]
chiave (f)	**chave** (f)	['ʃavi]
amministratore (m)	**administrador** (m)	[adʒiministra'dor]
cameriera (f)	**camareira** (f)	[kama'rejra]
portabagagli (m)	**bagageiro** (m)	[baga'ʒejru]
portiere (m)	**porteiro** (m)	[por'tejru]
ristorante (m)	**restaurante** (m)	[hestaw'rãtʃi]
bar (m)	**bar** (m)	[bar]
colazione (f)	**café** (m) **da manhã**	[ka'fɛ da ma'ɲã]
cena (f)	**jantar** (m)	[ʒã'tar]
buffet (m)	**bufê** (m)	[bu'fe]
hall (f) (atrio d'ingresso)	**saguão** (m)	[sa'gwãw]
ascensore (m)	**elevador** (m)	[eleva'dor]
NON DISTURBARE	**NÃO PERTURBE**	['nãw per'turbi]
VIETATO FUMARE!	**PROIBIDO FUMAR!**	[proi'bidu fu'mar]

22. Visita turistica

monumento (m)	**monumento** (m)	[monu'mẽtu]
fortezza (f)	**fortaleza** (f)	[forta'leza]
palazzo (m)	**palácio** (m)	[pa'lasju]
castello (m)	**castelo** (m)	[kas'tɛlu]
torre (f)	**torre** (f)	['tohi]
mausoleo (m)	**mausoléu** (m)	[mawzo'lɛw]
architettura (f)	**arquitetura** (f)	[arkite'tura]
medievale (agg)	**medieval**	[medʒje'vaw]
antico (agg)	**antigo**	[ã'tʃigu]
nazionale (agg)	**nacional**	[nasjo'naw]
famoso (agg)	**famoso**	[fa'mozu]
turista (m)	**turista** (m)	[tu'rista]
guida (f)	**guia** (m)	['gia]
escursione (f)	**excursão** (f)	[iskur'sãw]
fare vedere	**mostrar** (vt)	[mos'trar]

raccontare (vt)	**contar** (vt)	[kõ'tar]
trovare (vt)	**encontrar** (vt)	[ẽkõ'trar]
perdersi (vr)	**perder-se** (vr)	[per'dersi]
mappa (f) (~ della metropolitana)	**mapa** (m)	['mapa]
piantina (f) (~ della città)	**mapa** (m)	['mapa]
souvenir (m)	**lembrança** (f), **presente** (m)	[lẽ'brãsa], [pre'zẽtʃi]
negozio (m) di articoli da regalo	**loja** (f) **de presentes**	['lɔʒa de pre'zẽtʃis]
fare foto	**tirar fotos**	[tʃi'rar 'fɔtus]
fotografarsi	**fotografar-se** (vr)	[fotogra'farse]

MEZZI DI TRASPORTO

23. Aeroporto

aeroporto (m)	**aeroporto** (m)	[aero'portu]
aereo (m)	**avião** (m)	[a'vjãw]
compagnia (f) aerea	**companhia** (f) **aérea**	[kõpa'ɲia a'erja]
controllore (m) di volo	**controlador** (m) **de tráfego aéreo**	[kõtrola'dor de 'trafegu a'erju]
partenza (f)	**partida** (f)	[par'tʃida]
arrivo (m)	**chegada** (f)	[ʃe'gada]
arrivare (vi)	**chegar** (vi)	[ʃe'gar]
ora (f) di partenza	**hora** (f) **de partida**	['ɔra de par'tʃida]
ora (f) di arrivo	**hora** (f) **de chegada**	['ɔra de ʃe'gada]
essere ritardato	**estar atrasado**	[is'tar atra'zadu]
volo (m) ritardato	**atraso** (m) **de voo**	[a'trazu de 'vou]
tabellone (m) orari	**painel** (m) **de informação**	[paj'nɛw de ĩforma'sãw]
informazione (f)	**informação** (f)	[ĩforma'sãw]
annunciare (vt)	**anunciar** (vt)	[anũ'sjar]
volo (m)	**voo** (m)	['vou]
dogana (f)	**alfândega** (f)	[aw'fãdʒiga]
doganiere (m)	**funcionário** (m) **da alfândega**	[fũsjo'narju da aw'fãdʒiga]
dichiarazione (f)	**declaração** (f) **alfandegária**	[deklara'sãw awfãde'garja]
riempire (~ una dichiarazione)	**preencher** (vt)	[preẽ'ʃer]
riempire una dichiarazione	**preencher a declaração**	[preẽ'ʃer a deklara'sãw]
controllo (m) passaporti	**controle** (m) **de passaporte**	[kõ'troli de pasa'pɔrtʃi]
bagaglio (m)	**bagagem** (f)	[ba'gaʒẽ]
bagaglio (m) a mano	**bagagem** (f) **de mão**	[ba'gaʒẽ de 'mãw]
carrello (m)	**carrinho** (m)	[ka'hiɲu]
atterraggio (m)	**pouso** (m)	['pozu]
pista (f) di atterraggio	**pista** (f) **de pouso**	['pista de 'pozu]
atterrare (vi)	**aterrissar** (vi)	[atehi'sar]
scaletta (f) dell'aereo	**escada** (f) **de avião**	[is'kada de a'vjãw]
check-in (m)	**check-in** (m)	[ʃɛ'kin]
banco (m) del check-in	**balcão** (m) **do check-in**	[baw'kãw du ʃɛ'kin]
fare il check-in	**fazer o check-in**	[fa'zer u ʃɛ'kin]
carta (f) d'imbarco	**cartão** (m) **de embarque**	[kar'tãw de ẽ'barki]
porta (f) d'imbarco	**portão** (m) **de embarque**	[por'tãw de ẽ'barki]
transito (m)	**trânsito** (m)	['trãzitu]
aspettare (vt)	**esperar** (vt)	[ispe'rar]

sala (f) d'attesa	**sala** (f) **de espera**	['sala de is'pɛra]
accompagnare (vt)	**despedir-se de ...**	[dʒispe'dʒirsi de]
congedarsi (vr)	**despedir-se** (vr)	[dʒispe'dʒirsi]

24. Aeroplano

aereo (m)	**avião** (m)	[a'vjãw]
biglietto (m) aereo	**passagem** (f) **aérea**	[pa'saʒẽ a'erja]
compagnia (f) aerea	**companhia** (f) **aérea**	[kõpa'ɲia a'erja]
aeroporto (m)	**aeroporto** (m)	[aero'portu]
supersonico (agg)	**supersônico**	[super'soniku]
comandante (m)	**comandante** (m) **do avião**	[komã'dãtʃi du a'vjãw]
equipaggio (m)	**tripulação** (f)	[tripula'sãw]
pilota (m)	**piloto** (m)	[pi'lotu]
hostess (f)	**aeromoça** (f)	[aero'mosa]
navigatore (m)	**copiloto** (m)	[kopi'lotu]
ali (f pl)	**asas** (f pl)	['azas]
coda (f)	**cauda** (f)	['kawda]
cabina (f)	**cabine** (f)	[ka'bini]
motore (m)	**motor** (m)	[mo'tor]
carrello (m) d'atterraggio	**trem** (m) **de pouso**	[trẽj de 'pozu]
turbina (f)	**turbina** (f)	[tur'bina]
elica (f)	**hélice** (f)	['ɛlisi]
scatola (f) nera	**caixa-preta** (f)	['kaɪʃa 'preta]
barra (f) di comando	**coluna** (f) **de controle**	[ko'luna de kõ'troli]
combustibile (m)	**combustível** (m)	[kõbus'tʃivew]
safety card (f)	**instruções** (f pl) **de segurança**	[ĩstru'sõjs de segu'rãsa]
maschera (f) ad ossigeno	**máscara** (f) **de oxigênio**	['maskara de oksi'ʒenju]
uniforme (f)	**uniforme** (m)	[uni'fɔrmi]
giubbotto (m) di salvataggio	**colete** (m) **salva-vidas**	[ko'letʃi 'sawva 'vidas]
paracadute (m)	**paraquedas** (m)	[para'kɛdas]
decollo (m)	**decolagem** (f)	[deko'laʒẽ]
decollare (vi)	**descolar** (vi)	[dʒisko'lar]
pista (f) di decollo	**pista** (f) **de decolagem**	['pista de deko'laʒẽ]
visibilità (f)	**visibilidade** (f)	[vizibili'dadʒi]
volo (m)	**voo** (m)	['vou]
altitudine (f)	**altura** (f)	[aw'tura]
vuoto (m) d'aria	**poço** (m) **de ar**	['posu de 'ar]
posto (m)	**assento** (m)	[a'sẽtu]
cuffia (f)	**fone** (m) **de ouvido**	['fɔni de o'vidu]
tavolinetto (m) pieghevole	**mesa** (f) **retrátil**	['meza he'tratʃiw]
oblò (m), finestrino (m)	**janela** (f)	[ʒa'nɛla]
corridoio (m)	**corredor** (m)	[kohe'dor]

25. Treno

treno (m)	**trem** (m)	[trẽj]
elettrotreno (m)	**trem** (m) **elétrico**	[trẽj e'lɛtriku]
treno (m) rapido	**trem** (m)	[trẽj]
locomotiva (f) diesel	**locomotiva** (f) **diesel**	[lokomo'tʃiva 'ʤizew]
locomotiva (f) a vapore	**locomotiva** (f) **a vapor**	[lokomo'tʃiva a va'por]
carrozza (f)	**vagão** (f) **de passageiros**	[va'gãw de pasa'ʒejrus]
vagone (m) ristorante	**vagão-restaurante** (m)	[va'gãw-hestaw'rãtʃi]
rotaie (f pl)	**carris** (m pl)	[ka'his]
ferrovia (f)	**estrada** (f) **de ferro**	[is'trada de 'fɛhu]
traversa (f)	**travessa** (f)	[tra'vɛsa]
banchina (f) (~ ferroviaria)	**plataforma** (f)	[plata'fɔrma]
binario (m) (~ 1, 2)	**linha** (f)	['liɲa]
semaforo (m)	**semáforo** (m)	[se'maforu]
stazione (f)	**estação** (f)	[ista'sãw]
macchinista (m)	**maquinista** (m)	[maki'nista]
portabagagli (m)	**bagageiro** (m)	[baga'ʒejru]
cuccettista (m, f)	**hospedeiro, -a** (m, f)	[ospe'dejru, -a]
passeggero (m)	**passageiro** (m)	[pasa'ʒejru]
controllore (m)	**revisor** (m)	[hevi'zor]
corridoio (m)	**corredor** (m)	[kohe'dor]
freno (m) di emergenza	**freio** (m) **de emergência**	['freju de imer'ʒẽsja]
scompartimento (m)	**compartimento** (m)	[kõpartʃi'mẽtu]
cuccetta (f)	**cama** (f)	['kama]
cuccetta (f) superiore	**cama** (f) **de cima**	['kama de 'sima]
cuccetta (f) inferiore	**cama** (f) **de baixo**	['kama de 'baɪʃu]
biancheria (f) da letto	**roupa** (f) **de cama**	['hopa de 'kama]
biglietto (m)	**passagem** (f)	[pa'saʒẽ]
orario (m)	**horário** (m)	[o'rarju]
tabellone (m) orari	**painel** (m) **de informação**	[paj'nɛw de ĩforma'sãw]
partire (vi)	**partir** (vt)	[par'tʃir]
partenza (f)	**partida** (f)	[par'tʃida]
arrivare (di un treno)	**chegar** (vi)	[ʃe'gar]
arrivo (m)	**chegada** (f)	[ʃe'gada]
arrivare con il treno	**chegar de trem**	[ʃe'gar de trẽj]
salire sul treno	**pegar o trem**	[pe'gar u trẽj]
scendere dal treno	**descer de trem**	[de'ser de trẽj]
deragliamento (m)	**acidente** (m) **ferroviário**	[asi'dẽtʃi feho'vjarju]
deragliare (vi)	**descarrilar** (vi)	[ʤiskahi'ʎar]
locomotiva (f) a vapore	**locomotiva** (f) **a vapor**	[lokomo'tʃiva a va'por]
fuochista (m)	**foguista** (m)	[fo'gista]
forno (m)	**fornalha** (f)	[for'naʎa]
carbone (m)	**carvão** (m)	[kar'vãw]

26. Nave

nave (f)	**navio** (m)	[na'viu]
imbarcazione (f)	**embarcação** (f)	[ẽbarka'sãw]
piroscafo (m)	**barco** (m) **a vapor**	['barku a va'por]
barca (f) fluviale	**barco** (m) **fluvial**	['barku flu'vjaw]
transatlantico (m)	**transatlântico** (m)	[trãzat'lãtʃiku]
incrociatore (m)	**cruzeiro** (m)	[kru'zejru]
yacht (m)	**iate** (m)	['jatʃi]
rimorchiatore (m)	**rebocador** (m)	[heboka'dor]
chiatta (f)	**barcaça** (f)	[bar'kasa]
traghetto (m)	**ferry** (m), **balsa** (f)	['fɛʀi], ['balsa]
veliero (m)	**veleiro** (m)	[ve'lejru]
brigantino (m)	**bergantim** (m)	[behgã'tʃĩ]
rompighiaccio (m)	**quebra-gelo** (m)	['kɛbra 'ʒelu]
sottomarino (m)	**submarino** (m)	[subma'rinu]
barca (f)	**bote, barco** (m)	['bɔtʃi], ['barku]
scialuppa (f)	**baleeira** (f)	[bale'ejra]
scialuppa (f) di salvataggio	**bote** (m) **salva-vidas**	['bɔtʃi 'sawva 'vidas]
motoscafo (m)	**lancha** (f)	['lãʃa]
capitano (m)	**capitão** (m)	[kapi'tãw]
marittimo (m)	**marinheiro** (m)	[mari'ɲejru]
marinaio (m)	**marujo** (m)	[ma'ruʒu]
equipaggio (m)	**tripulação** (f)	[tripula'sãw]
nostromo (m)	**contramestre** (m)	[kõtra'mɛstri]
mozzo (m) di nave	**grumete** (m)	[gru'mɛtʃi]
cuoco (m)	**cozinheiro** (m) **de bordo**	[kozi'ɲejru de 'bɔrdu]
medico (m) di bordo	**médico** (m) **de bordo**	['mɛdʒiku de 'bɔrdu]
ponte (m)	**convés** (m)	[kõ'vɛs]
albero (m)	**mastro** (m)	['mastru]
vela (f)	**vela** (f)	['vɛla]
stiva (f)	**porão** (m)	[po'rãw]
prua (f)	**proa** (f)	['proa]
poppa (f)	**popa** (f)	['popa]
remo (m)	**remo** (m)	['hɛmu]
elica (f)	**hélice** (f)	['ɛlisi]
cabina (f)	**cabine** (m)	[ka'bini]
quadrato (m) degli ufficiali	**sala** (f) **dos oficiais**	['sala dus ofi'sjajs]
sala (f) macchine	**sala** (f) **das máquinas**	['sala das 'makinas]
ponte (m) di comando	**ponte** (m) **de comando**	['põtʃi de ko'mãdu]
cabina (f) radiotelegrafica	**sala** (f) **de comunicações**	['sala de komunika'sõjs]
onda (f)	**onda** (f)	['õda]
giornale (m) di bordo	**diário** (m) **de bordo**	['dʒjarju de 'bɔrdu]
cannocchiale (m)	**luneta** (f)	[lu'neta]
campana (f)	**sino** (m)	['sinu]

bandiera (f)	**bandeira** (f)	[bã'dejra]
cavo (m) (~ d'ormeggio)	**cabo** (m)	['kabu]
nodo (m)	**nó** (m)	[nɔ]
ringhiera (f)	**corrimão** (m)	[kohi'mãw]
passerella (f)	**prancha** (f) **de embarque**	['prãʃa de ẽ'barki]
ancora (f)	**âncora** (f)	['ãkora]
levare l'ancora	**recolher a âncora**	[heko'ʎer a 'ãkora]
gettare l'ancora	**jogar a âncora**	[ʒo'gar a 'ãkora]
catena (f) dell'ancora	**amarra** (f)	[a'maha]
porto (m)	**porto** (m)	['portu]
banchina (f)	**cais, amarradouro** (m)	[kajs], [amaha'doru]
ormeggiarsi (vr)	**atracar** (vi)	[atra'kar]
salpare (vi)	**desatracar** (vi)	[dʒizatra'kar]
viaggio (m)	**viagem** (f)	['vjaʒẽ]
crociera (f)	**cruzeiro** (m)	[kru'zejru]
rotta (f)	**rumo** (m)	['humu]
itinerario (m)	**itinerário** (m)	[itʃine'rarju]
tratto (m) navigabile	**canal** (m) **de navegação**	[ka'naw de navega'sãw]
secca (f)	**banco** (m) **de areia**	['bãku de a'reja]
arenarsi (vr)	**encalhar** (vt)	[ẽka'ʎar]
tempesta (f)	**tempestade** (f)	[tẽpes'tadʒi]
segnale (m)	**sinal** (m)	[si'naw]
affondare (andare a fondo)	**afundar-se** (vr)	[afũ'darse]
Uomo in mare!	**Homem ao mar!**	['ɔmẽ aw mah]
SOS	**SOS**	[ɛseo'ɛsi]
salvagente (m) anulare	**boia** (f) **salva-vidas**	['bɔja 'sawva 'vidas]

CITTÀ

27. Mezzi pubblici in città

autobus (m)	**ônibus** (m)	['onibus]
tram (m)	**bonde** (m) **elétrico**	['bõdʒi e'lɛtriku]
filobus (m)	**trólebus** (m)	['trɔlebus]
itinerario (m)	**rota** (f), **itinerário** (m)	['hɔta], [itʃine'rarju]
numero (m)	**número** (m)	['numeru]
andare in ...	**ir de ...**	[ir de]
salire (~ sull'autobus)	**entrar no ...**	[ẽ'trar nu]
scendere da ...	**descer do ...**	[de'ser du]
fermata (f) (~ dell'autobus)	**parada** (f)	[pa'rada]
prossima fermata (f)	**próxima parada** (f)	['prɔsima pa'rada]
capolinea (m)	**terminal** (m)	[termi'naw]
orario (m)	**horário** (m)	[o'rarju]
aspettare (vt)	**esperar** (vt)	[ispe'rar]
biglietto (m)	**passagem** (f)	[pa'saʒẽ]
prezzo (m) del biglietto	**tarifa** (f)	[ta'rifa]
cassiere (m)	**bilheteiro** (m)	[biʎe'tejru]
controllo (m) dei biglietti	**controle** (m) **de passagens**	[kõ'troli de pa'saʒãjʃ]
bigliettaio (m)	**revisor** (m)	[hevi'zor]
essere in ritardo	**atrasar-se** (vr)	[atra'zarsi]
perdere (~ il treno)	**perder** (vt)	[per'der]
avere fretta	**estar com pressa**	[is'tar kõ 'prɛsa]
taxi (m)	**táxi** (m)	['taksi]
taxista (m)	**taxista** (m)	[tak'sista]
in taxi	**de táxi**	[de 'taksi]
parcheggio (m) di taxi	**ponto** (m) **de táxis**	['põtu de 'taksis]
chiamare un taxi	**chamar um táxi**	[ʃa'mar ũ 'taksi]
prendere un taxi	**pegar um táxi**	[pe'gar ũ 'taksi]
traffico (m)	**tráfego** (m)	['trafegu]
ingorgo (m)	**engarrafamento** (m)	[ẽgahafa'mẽtu]
ore (f pl) di punta	**horas** (f pl) **de pico**	['ɔras de 'piku]
parcheggiarsi (vr)	**estacionar** (vi)	[istasjo'nar]
parcheggiare (vt)	**estacionar** (vt)	[istasjo'nar]
parcheggio (m)	**parque** (m) **de estacionamento**	['parki de istasjona'mẽtu]
metropolitana (f)	**metrô** (m)	[me'tro]
stazione (f)	**estação** (f)	[ista'sãw]
prendere la metropolitana	**ir de metrô**	[ir de me'tro]
treno (m)	**trem** (m)	[trẽj]
stazione (f) ferroviaria	**estação** (f) **de trem**	[ista'sãw de trẽj]

28. Città. Vita di città

città (f)	**cidade** (f)	[si'dadʒi]
capitale (f)	**capital** (f)	[kapi'taw]
villaggio (m)	**aldeia** (f)	[aw'deja]
mappa (f) della città	**mapa** (m) **da cidade**	['mapa da si'dadʒi]
centro (m) della città	**centro** (m) **da cidade**	['sẽtru da si'dadʒi]
sobborgo (m)	**subúrbio** (m)	[su'burbju]
suburbano (agg)	**suburbano**	[subur'banu]
periferia (f)	**periferia** (f)	[perife'ria]
dintorni (m pl)	**arredores** (m pl)	[ahe'dɔris]
isolato (m)	**quarteirão** (m)	[kwartej'rãw]
quartiere residenziale	**quarteirão** (m) **residencial**	[kwartej'rãw hezidẽ'sjaw]
traffico (m)	**tráfego** (m)	['trafegu]
semaforo (m)	**semáforo** (m)	[se'maforu]
trasporti (m pl) urbani	**transporte** (m) **público**	[trãs'pɔrtʃi 'publiku]
incrocio (m)	**cruzamento** (m)	[kruza'mẽtu]
passaggio (m) pedonale	**faixa** (f)	['fajʃa]
sottopassaggio (m)	**túnel** (m)	['tunew]
attraversare (vt)	**cruzar, atravessar** (vt)	[kru'zar], [atrave'sar]
pedone (m)	**pedestre** (m)	[pe'dɛstri]
marciapiede (m)	**calçada** (f)	[kaw'sada]
ponte (m)	**ponte** (f)	['põtʃi]
banchina (f)	**margem** (f) **do rio**	['marʒẽ du 'hiu]
fontana (f)	**fonte** (f)	['fõtʃi]
vialetto (m)	**alameda** (f)	[ala'meda]
parco (m)	**parque** (m)	['parki]
boulevard (m)	**bulevar** (m)	[bule'var]
piazza (f)	**praça** (f)	['prasa]
viale (m), corso (m)	**avenida** (f)	[ave'nida]
via (f), strada (f)	**rua** (f)	['hua]
vicolo (m)	**travessa** (f)	[tra'vɛsa]
vicolo (m) cieco	**beco** (m) **sem saída**	['beku sẽ sa'ida]
casa (f)	**casa** (f)	['kaza]
edificio (m)	**edifício, prédio** (m)	[edʒi'fisju], ['prɛdʒju]
grattacielo (m)	**arranha-céu** (m)	[a'haɲa-sɛw]
facciata (f)	**fachada** (f)	[fa'ʃada]
tetto (m)	**telhado** (m)	[te'ʎadu]
finestra (f)	**janela** (f)	[ʒa'nɛla]
arco (m)	**arco** (m)	['arku]
colonna (f)	**coluna** (f)	[ko'luna]
angolo (m)	**esquina** (f)	[is'kina]
vetrina (f)	**vitrine** (f)	[vi'trini]
insegna (f) (di negozi, ecc.)	**letreiro** (m)	[le'trejru]
cartellone (m)	**cartaz** (m)	[kar'taz]
cartellone (m) pubblicitario	**cartaz** (m) **publicitário**	[kar'taz publisi'tarju]

tabellone (m) pubblicitario	**painel** (m) **publicitário**	[paj'nɛw publisi'tarju]
pattume (m), spazzatura (f)	**lixo** (m)	['liʃu]
pattumiera (f)	**lixeira** (f)	[li'ʃejra]
sporcare (vi)	**jogar lixo na rua**	[ʒo'gar 'liʃu na 'hua]
discarica (f) di rifiuti	**aterro** (m) **sanitário**	[a'tehu sani'tarju]
cabina (f) telefonica	**orelhão** (m)	[ore'ʎãw]
lampione (m)	**poste** (m) **de luz**	['pɔstʃi de luz]
panchina (f)	**banco** (m)	['bãku]
poliziotto (m)	**polícia** (m)	[po'lisja]
polizia (f)	**polícia** (f)	[po'lisja]
mendicante (m)	**mendigo, pedinte** (m)	[mẽ'dʒigu], [pe'dʒĩtʃi]
barbone (m)	**desabrigado** (m)	[dʒizabri'gadu]

29. Servizi cittadini

negozio (m)	**loja** (f)	['lɔʒa]
farmacia (f)	**drogaria** (f)	[droga'ria]
ottica (f)	**ótica** (f)	['ɔtʃika]
centro (m) commerciale	**centro** (m) **comercial**	['sẽtru komer'sjaw]
supermercato (m)	**supermercado** (m)	[supermer'kadu]
panetteria (f)	**padaria** (f)	[pada'ria]
fornaio (m)	**padeiro** (m)	[pa'dejru]
pasticceria (f)	**pastelaria** (f)	[pastela'ria]
drogheria (f)	**mercearia** (f)	[mersja'ria]
macelleria (f)	**açougue** (m)	[a'sogi]
fruttivendolo (m)	**fruteira** (f)	[fru'tejra]
mercato (m)	**mercado** (m)	[mer'kadu]
caffè (m)	**cafeteria** (f)	[kafete'ria]
ristorante (m)	**restaurante** (m)	[hestaw'rãtʃi]
birreria (f), pub (m)	**bar** (m)	[bar]
pizzeria (f)	**pizzaria** (f)	[pitsa'ria]
salone (m) di parrucchiere	**salão** (m) **de cabeleireiro**	[sa'lãw de kabelej'rejru]
ufficio (m) postale	**agência** (f) **dos correios**	[a'ʒẽsja dus ko'hejus]
lavanderia (f) a secco	**lavanderia** (f)	[lavãde'ria]
studio (m) fotografico	**estúdio** (m) **fotográfico**	[is'tudʒu foto'grafiku]
negozio (m) di scarpe	**sapataria** (f)	[sapata'ria]
libreria (f)	**livraria** (f)	[livra'ria]
negozio (m) sportivo	**loja** (f) **de artigos esportivos**	['lɔʒa de ar'tʃigus ispor'tʃivus]
riparazione (f) di abiti	**costureira** (m)	[kostu'rejra]
noleggio (m) di abiti	**aluguel** (m) **de roupa**	[alu'gɛw de 'hopa]
noleggio (m) di film	**videolocadora** (f)	['vidʒju·loka'dɔra]
circo (m)	**circo** (m)	['sirku]
zoo (m)	**jardim** (m) **zoológico**	[ʒar'dʒĩ zo'lɔʒiku]
cinema (m)	**cinema** (m)	[si'nɛma]
museo (m)	**museu** (m)	[mu'zew]

biblioteca (f)	**biblioteca** (f)	[bibljo'tɛka]
teatro (m)	**teatro** (m)	['tʃjatru]
teatro (m) dell'opera	**ópera** (f)	['ɔpera]
locale notturno (m)	**boate** (f)	['bwatʃi]
casinò (m)	**cassino** (m)	[ka'sinu]
moschea (f)	**mesquita** (f)	[mes'kita]
sinagoga (f)	**sinagoga** (f)	[sina'gɔga]
cattedrale (f)	**catedral** (f)	[kate'draw]
tempio (m)	**templo** (m)	['tẽplu]
chiesa (f)	**igreja** (f)	[i'greʒa]
istituto (m)	**faculdade** (f)	[fakuw'dadʒi]
università (f)	**universidade** (f)	[universi'dadʒi]
scuola (f)	**escola** (f)	[is'kɔla]
prefettura (f)	**prefeitura** (f)	[prefej'tura]
municipio (m)	**câmara** (f) **municipal**	['kamara munisi'paw]
albergo, hotel (m)	**hotel** (m)	[o'tɛw]
banca (f)	**banco** (m)	['bãku]
ambasciata (f)	**embaixada** (f)	[ẽbaj'ʃada]
agenzia (f) di viaggi	**agência** (f) **de viagens**	[a'ʒẽsja de 'vjaʒẽs]
ufficio (m) informazioni	**agência** (f) **de informações**	[a'ʒẽsja de ĩforma'sõjs]
ufficio (m) dei cambi	**casa** (f) **de câmbio**	['kaza de 'kãbju]
metropolitana (f)	**metrô** (m)	[me'tro]
ospedale (m)	**hospital** (m)	[ospi'taw]
distributore (m) di benzina	**posto** (m) **de gasolina**	['postu de gazo'lina]
parcheggio (m)	**parque** (m) **de estacionamento**	['parki de istasjona'mẽtu]

30. Cartelli

insegna (f) (di negozi, ecc.)	**letreiro** (m)	[le'trejru]
iscrizione (f)	**aviso** (m)	[a'vizu]
cartellone (m)	**pôster** (m)	['poster]
segnale (m) di direzione	**placa** (f) **de direção**	['plaka]
freccia (f)	**seta** (f)	['sɛta]
avvertimento (m)	**aviso** (m), **advertência** (f)	[a'vizu], [adʒiver'tẽsja]
avviso (m)	**sinal** (m) **de aviso**	[si'naw de a'vizu]
avvertire, avvisare (vt)	**avisar, advertir** (vt)	[avi'zar], [adʒiver'tʃir]
giorno (m) di riposo	**dia** (m) **de folga**	['dʒia de 'fɔwga]
orario (m)	**horário** (m)	[o'rarju]
orario (m) di apertura	**horário** (m)	[o'rarju]
BENVENUTI!	**BEM-VINDOS!**	[bẽj 'vĩdu]
ENTRATA	**ENTRADA**	[ẽ'trada]
USCITA	**SAÍDA**	[sa'ida]
SPINGERE	**EMPURRE**	[ẽ'puhe]
TIRARE	**PUXE**	['puʃe]

APERTO	**ABERTO**	[a'bɛrtu]
CHIUSO	**FECHADO**	[fe'ʃadu]
DONNE	**MULHER**	[mu'ʎer]
UOMINI	**HOMEM**	['ɔmẽ]
SCONTI	**DESCONTOS**	[dʒis'kõtus]
SALDI	**SALDOS, PROMOÇÃO**	['sawdus], [promo'sãw]
NOVITÀ!	**NOVIDADE!**	[novi'dadʒi]
GRATIS	**GRÁTIS**	['gratʃis]
ATTENZIONE!	**ATENÇÃO!**	[atẽ'sãw]
COMPLETO	**NÃO HÁ VAGAS**	['nãw a 'vagas]
RISERVATO	**RESERVADO**	[hezer'vadu]
AMMINISTRAZIONE	**ADMINISTRAÇÃO**	[adʒiministra'sãw]
RISERVATO AL PERSONALE	**SOMENTE PESSOAL AUTORIZADO**	[sɔ'mẽtʃi pe'swaw awtori'zadu]
ATTENTI AL CANE	**CUIDADO CÃO FEROZ**	[kwi'dadu kãw fe'rɔz]
VIETATO FUMARE!	**PROIBIDO FUMAR!**	[proi'bidu fu'mar]
NON TOCCARE	**NÃO TOCAR**	['nãw to'kar]
PERICOLOSO	**PERIGOSO**	[peri'gozu]
PERICOLO	**PERIGO**	[pe'rigu]
ALTA TENSIONE	**ALTA TENSÃO**	['awta tẽ'sãw]
DIVIETO DI BALNEAZIONE	**PROIBIDO NADAR**	[proi'bidu na'dar]
GUASTO	**COM DEFEITO**	[kõ de'fejtu]
INFIAMMABILE	**INFLAMÁVEL**	[ĩfla'mavew]
VIETATO	**PROIBIDO**	[proi'bidu]
VIETATO L'INGRESSO	**ENTRADA PROIBIDA**	[ẽ'trada proi'bida]
VERNICE FRESCA	**CUIDADO TINTA FRESCA**	[kwi'dadu 'tʃĩta 'freska]

31. Acquisti

comprare (vt)	**comprar** (vt)	[kõ'prar]
acquisto (m)	**compra** (f)	['kõpra]
fare acquisti	**fazer compras**	[fa'zer 'kõpras]
shopping (m)	**compras** (f pl)	['kõpras]
essere aperto (negozio)	**estar aberta**	[is'tar a'bɛrta]
essere chiuso	**estar fechada**	[is'tar fe'ʃada]
calzature (f pl)	**calçado** (m)	[kaw'sadu]
abbigliamento (m)	**roupa** (f)	['hopa]
cosmetica (f)	**cosméticos** (m pl)	[koz'mɛtʃikus]
alimentari (m pl)	**alimentos** (m pl)	[ali'mẽtus]
regalo (m)	**presente** (m)	[pre'zẽtʃi]
commesso (m)	**vendedor** (m)	[vẽde'dor]
commessa (f)	**vendedora** (f)	[vẽde'dora]
cassa (f)	**caixa** (f)	['kaɪʃa]

specchio (m)	**espelho** (m)	[is'peʎu]
banco (m)	**balcão** (m)	[baw'kãw]
camerino (m)	**provador** (m)	[prɔva'dor]
provare (~ un vestito)	**provar** (vt)	[pro'var]
stare bene (vestito)	**servir** (vi)	[ser'vir]
piacere (vi)	**gostar** (vt)	[gos'tar]
prezzo (m)	**preço** (m)	['presu]
etichetta (f) del prezzo	**etiqueta** (f) **de preço**	[etʃi'keta de 'presu]
costare (vt)	**custar** (vt)	[kus'tar]
Quanto?	**Quanto?**	['kwãtu]
sconto (m)	**desconto** (m)	[dʒis'kõtu]
no muy caro (agg)	**não caro**	['nãw 'karu]
a buon mercato	**barato**	[ba'ratu]
caro (agg)	**caro**	['karu]
È caro	**É caro**	[ɛ 'karu]
noleggio (m)	**aluguel** (m)	[alu'gɛw]
noleggiare (~ un abito)	**alugar** (vt)	[alu'gar]
credito (m)	**crédito** (m)	['krɛdʒitu]
a credito	**a crédito**	[a 'krɛdʒitu]

ABBIGLIAMENTO E ACCESSORI

32. Indumenti. Soprabiti

vestiti (m pl)	**roupa** (f)	['hopa]
soprabito (m)	**roupa** (f) **exterior**	['hopa iste'rjor]
abiti (m pl) invernali	**roupa** (f) **de inverno**	['hopa de ĩ'vɛrnu]
cappotto (m)	**sobretudo** (m)	[sobri'tudu]
pelliccia (f)	**casaco** (m) **de pele**	[kaz'aku de 'pɛli]
pellicciotto (m)	**jaqueta** (f) **de pele**	[ʒa'keta de 'pɛli]
piumino (m)	**casaco** (m) **acolchoado**	[ka'zaku akow'ʃwadu]
giubbotto (m), giaccha (f)	**casaco** (m), **jaqueta** (f)	[kaz'aku], [ʒa'keta]
impermeabile (m)	**impermeável** (m)	[ĩper'mjavew]
impermeabile (agg)	**a prova d'água**	[a 'prɔva 'dagwa]

33. Abbigliamento uomo e donna

camicia (f)	**camisa** (f)	[ka'miza]
pantaloni (m pl)	**calça** (f)	['kawsa]
jeans (m pl)	**jeans** (m)	['dʒins]
giacca (f) (~ di tweed)	**paletó, terno** (m)	[pale'tɔ], ['tɛrnu]
abito (m) da uomo	**terno** (m)	['tɛrnu]
abito (m)	**vestido** (m)	[ves'tʃidu]
gonna (f)	**saia** (f)	['saja]
camicetta (f)	**blusa** (f)	['bluza]
giacca (f) a maglia	**casaco** (m) **de malha**	[ka'zaku de 'maʎa]
giacca (f) tailleur	**casaco, blazer** (m)	[ka'zaku], ['blejzer]
maglietta (f)	**camiseta** (f)	[kami'zɛta]
pantaloni (m pl) corti	**short** (m)	['ʃɔrtʃi]
tuta (f) sportiva	**training** (m)	['trejnĩŋ]
accappatoio (m)	**roupão** (m) **de banho**	[ho'pãw de 'baɲu]
pigiama (m)	**pijama** (m)	[pi'ʒama]
maglione (m)	**suéter** (m)	['swɛter]
pullover (m)	**pulôver** (m)	[pu'lover]
gilè (m)	**colete** (m)	[ko'letʃi]
frac (m)	**fraque** (m)	['fraki]
smoking (m)	**smoking** (m)	[iz'mokĩs]
uniforme (f)	**uniforme** (m)	[uni'fɔrmi]
tuta (f) da lavoro	**roupa** (f) **de trabalho**	['hopa de tra'baʎu]
salopette (f)	**macacão** (m)	[maka'kãws]
camice (m) (~ del dottore)	**jaleco** (m), **bata** (f)	[ʒa'lɛku], ['bata]

34. Abbigliamento. Biancheria intima

biancheria (f) intima	**roupa** (f) **íntima**	['hopa 'ĩtʃima]
boxer (m pl)	**cueca boxer** (f)	['kwɛka 'bɔkser]
mutandina (f)	**calcinha** (f)	[kaw'siɲa]
maglietta (f) intima	**camiseta** (f)	[kami'zɛta]
calzini (m pl)	**meias** (f pl)	['mejas]
camicia (f) da notte	**camisola** (f)	[kami'zɔla]
reggiseno (m)	**sutiã** (m)	[su'tʃjã]
calzini (m pl) alti	**meias longas** (f pl)	['mejas 'lõgas]
collant (m)	**meias-calças** (f pl)	['mejas 'kalsas]
calze (f pl)	**meias** (f pl)	['mejas]
costume (m) da bagno	**maiô** (m)	[ma'jo]

35. Copricapo

cappello (m)	**chapéu** (m), **touca** (f)	[ʃa'pɛw], ['toka]
cappello (m) di feltro	**chapéu** (m) **de feltro**	[ʃa'pɛw de 'fewtru]
cappello (m) da baseball	**boné** (m) **de beisebol**	[bo'nɛ de bejsi'bɔw]
coppola (f)	**boina** (f)	['bojna]
basco (m)	**boina** (f) **francesa**	['bojna frã'seza]
cappuccio (m)	**capuz** (m)	[ka'puz]
panama (m)	**chapéu panamá** (m)	[ʃa'pɛw pana'ma]
berretto (m) a maglia	**touca** (f)	['toka]
fazzoletto (m) da capo	**lenço** (m)	['lẽsu]
cappellino (m) donna	**chapéu** (m) **feminino**	[ʃa'pɛw femi'ninu]
casco (m) (~ di sicurezza)	**capacete** (m)	[kapa'setʃi]
bustina (f)	**bibico** (m)	[bi'biko]
casco (m) (~ moto)	**capacete** (m)	[kapa'setʃi]
bombetta (f)	**chapéu-coco** (m)	[ʃa'pɛw 'koku]
cilindro (m)	**cartola** (f)	[kar'tɔla]

36. Calzature

calzature (f pl)	**calçado** (m)	[kaw'sadu]
stivaletti (m pl)	**botinas** (f pl), **sapatos** (m pl)	[bo'tʃinas], [sapa'tõjs]
scarpe (f pl)	**sapatos** (m pl)	[sa'patus]
stivali (m pl)	**botas** (f pl)	['bɔtas]
pantofole (f pl)	**pantufas** (f pl)	[pã'tufas]
scarpe (f pl) da tennis	**tênis** (m pl)	['tenis]
scarpe (f pl) da ginnastica	**tênis** (m pl)	['tenis]
sandali (m pl)	**sandálias** (f pl)	[sã'dalias]
calzolaio (m)	**sapateiro** (m)	[sapa'tejru]
tacco (m)	**salto** (m)	['sawtu]

paio (m)	**par** (m)	[par]
laccio (m)	**cadarço** (m)	[ka'darsu]
allacciare (vt)	**amarrar os cadarços**	[ama'har us ka'darsus]
calzascarpe (m)	**calçadeira** (f)	[kawsa'dejra]
lucido (m) per le scarpe	**graxa** (f) **para calçado**	['graʃa 'para kaw'sadu]

37. Accessori personali

guanti (m pl)	**luva** (f)	['luva]
manopole (f pl)	**mitenes** (f pl)	[mi'tɛnes]
sciarpa (f)	**cachecol** (m)	[kaʃe'kɔw]
occhiali (m pl)	**óculos** (m pl)	['ɔkulus]
montatura (f)	**armação** (f)	[arma'sãw]
ombrello (m)	**guarda-chuva** (m)	['gwarda 'ʃuva]
bastone (m)	**bengala** (f)	[bẽ'gala]
spazzola (f) per capelli	**escova** (f) **para o cabelo**	[is'kova 'para u ka'belu]
ventaglio (m)	**leque** (m)	['lɛki]
cravatta (f)	**gravata** (f)	[gra'vata]
cravatta (f) a farfalla	**gravata-borboleta** (f)	[gra'vata borbo'leta]
bretelle (f pl)	**suspensórios** (m pl)	[suspẽ'sɔrjus]
fazzoletto (m)	**lenço** (m)	['lẽsu]
pettine (m)	**pente** (m)	['pẽtʃi]
fermaglio (m)	**fivela** (f) **para cabelo**	[fi'vɛla 'para ka'belu]
forcina (f)	**grampo** (m)	['grãpu]
fibbia (f)	**fivela** (f)	[fi'vɛla]
cintura (f)	**cinto** (m)	['sĩtu]
spallina (f)	**alça** (f) **de ombro**	['awsa de 'õbru]
borsa (f)	**bolsa** (f)	['bowsa]
borsetta (f)	**bolsa, carteira** (f)	['bowsa], [kar'tejra]
zaino (m)	**mochila** (f)	[mo'ʃila]

38. Abbigliamento. Varie

moda (f)	**moda** (f)	['mɔda]
di moda	**na moda**	[na 'mɔda]
stilista (m)	**estilista** (m)	[istʃi'lista]
collo (m)	**colarinho** (m)	[kola'riɲu]
tasca (f)	**bolso** (m)	['bowsu]
tascabile (agg)	**de bolso**	[de 'bowsu]
manica (f)	**manga** (f)	['mãga]
asola (f) per appendere	**ganchinho** (m)	[gã'ʃiɲu]
patta (f) (~ dei pantaloni)	**braguete** (f)	[bra'gwetʃi]
cerniera (f) lampo	**zíper** (m)	['ziper]
chiusura (f)	**colchete** (m)	[kow'ʃetʃi]
bottone (m)	**botão** (m)	[bo'tãw]

occhiello (m)	**botoeira** (f)	[bo'twejra]
staccarsi (un bottone)	**soltar-se** (vr)	[sow'tarsi]
cucire (vi, vt)	**costurar** (vi)	[kostu'rar]
ricamare (vi, vt)	**bordar** (vt)	[bor'dar]
ricamo (m)	**bordado** (m)	[bor'dadu]
ago (m)	**agulha** (f)	[a'guʎa]
filo (m)	**fio, linha** (f)	['fiu], ['liɲa]
cucitura (f)	**costura** (f)	[kos'tura]
sporcarsi (vr)	**sujar-se** (vr)	[su'ʒarsi]
macchia (f)	**mancha** (f)	['mãʃa]
sgualcirsi (vr)	**amarrotar-se** (vr)	[amaho'tarse]
strappare (vt)	**rasgar** (vt)	[haz'gar]
tarma (f)	**traça** (f)	['trasa]

39. Cura della persona. Cosmetici

dentifricio (m)	**pasta** (f) **de dente**	['pasta de 'dẽtʃi]
spazzolino (m) da denti	**escova** (f) **de dente**	[is'kova de 'dẽtʃi]
lavarsi i denti	**escovar os dentes**	[isko'var us 'dẽtʃis]
rasoio (m)	**gilete** (f)	[ʒi'lɛtʃi]
crema (f) da barba	**creme** (m) **de barbear**	['krɛmi de bar'bjar]
rasarsi (vr)	**barbear-se** (vr)	[bar'bjarsi]
sapone (m)	**sabonete** (m)	[sabo'netʃi]
shampoo (m)	**xampu** (m)	[ʃã'pu]
forbici (f pl)	**tesoura** (f)	[te'zora]
limetta (f)	**lixa** (f) **de unhas**	['liʃa de 'uɲas]
tagliaunghie (m)	**corta-unhas** (m)	['kɔrta 'uɲas]
pinzette (f pl)	**pinça** (f)	['pĩsa]
cosmetica (f)	**cosméticos** (m pl)	[koz'mɛtʃikus]
maschera (f) di bellezza	**máscara** (f)	['maskara]
manicure (m)	**manicure** (f)	[mani'kuri]
fare la manicure	**fazer as unhas**	[fa'zer as 'uɲas]
pedicure (m)	**pedicure** (f)	[pedi'kure]
borsa (f) del trucco	**bolsa** (f) **de maquiagem**	['bowsa de ma'kjaʒẽ]
cipria (f)	**pó** (m)	[pɔ]
portacipria (m)	**pó** (m) **compacto**	[pɔ kõ'paktu]
fard (m)	**blush** (m)	[blaʃ]
profumo (m)	**perfume** (m)	[per'fumi]
acqua (f) da toeletta	**água-de-colônia** (f)	['agwa de ko'lonja]
lozione (f)	**loção** (f)	[lo'sãw]
acqua (f) di Colonia	**colônia** (f)	[ko'lonja]
ombretto (m)	**sombra** (f) **de olhos**	['sõbra de 'oʎus]
eyeliner (m)	**delineador** (m)	[delinja'dor]
mascara (m)	**máscara** (f), **rímel** (m)	['maskara], ['himew]
rossetto (m)	**batom** (m)	['batõ]

smalto (m)	**esmalte** (m)	[iz'mawtʃi]
lacca (f) per capelli	**laquê** (m), **spray fixador** (m)	[la'ke], [is'prej fiksa'dor]
deodorante (m)	**desodorante** (m)	[dʒizodo'rãtʃi]
crema (f)	**creme** (m)	['krɛmi]
crema (f) per il viso	**creme** (m) **de rosto**	['krɛmi de 'hostu]
crema (f) per le mani	**creme** (m) **de mãos**	['krɛmi de 'mãws]
crema (f) antirughe	**creme** (m) **antirrugas**	['krɛmi ãtʃi'hugas]
crema (f) da giorno	**creme** (m) **de dia**	['krɛmi de 'dʒia]
crema (f) da notte	**creme** (m) **de noite**	['krɛmi de 'nojtʃi]
da giorno	**de dia**	[de 'dʒia]
da notte	**da noite**	[da 'nojtʃi]
tampone (m)	**absorvente** (m) **interno**	[absor'vẽtʃi ĩ'tɛrnu]
carta (f) igienica	**papel** (m) **higiênico**	[pa'pɛw i'ʒjeniku]
fon (m)	**secador** (m) **de cabelo**	[seka'dor de ka'belu]

40. Orologi da polso. Orologio

orologio (m) (~ da polso)	**relógio** (m) **de pulso**	[he'lɔʒu de 'puwsu]
quadrante (m)	**mostrador** (m)	[mostra'dor]
lancetta (f)	**ponteiro** (m)	[põ'tejru]
braccialetto (m)	**bracelete** (f) **em aço**	[brase'letʃi ẽ 'asu]
cinturino (m)	**bracelete** (f) **em couro**	[brase'letʃi ẽ 'koru]
pila (f)	**pilha** (f)	['piʎa]
essere scarico	**acabar** (vi)	[aka'bar]
cambiare la pila	**trocar a pilha**	[tro'kar a 'piʎa]
andare avanti	**estar adiantado**	[is'tar adʒjã'tadu]
andare indietro	**estar atrasado**	[is'tar atra'zadu]
orologio (m) da muro	**relógio** (m) **de parede**	[he'lɔʒu de pa'redʒi]
clessidra (f)	**ampulheta** (f)	[ãpu'ʎeta]
orologio (m) solare	**relógio** (m) **de sol**	[he'lɔʒu de sɔw]
sveglia (f)	**despertador** (m)	[dʒisperta'dor]
orologiaio (m)	**relojoeiro** (m)	[helo'ʒwejru]
riparare (vt)	**reparar** (vt)	[hepa'rar]

L'ESPERIENZA QUOTIDIANA

41. Denaro

soldi (m pl)	**dinheiro** (m)	[dʒi'ɲejru]
cambio (m)	**câmbio** (m)	['kãbju]
corso (m) di cambio	**taxa** (f) **de câmbio**	['taʃa de 'kãbju]
bancomat (m)	**caixa** (m) **eletrônico**	['kaɪʃa ele'troniku]
moneta (f)	**moeda** (f)	['mwɛda]
dollaro (m)	**dólar** (m)	['dɔlar]
euro (m)	**euro** (m)	['ewru]
lira (f)	**lira** (f)	['lira]
marco (m)	**marco** (m)	['marku]
franco (m)	**franco** (m)	['frãku]
sterlina (f)	**libra** (f) **esterlina**	['libra ister'linu]
yen (m)	**iene** (m)	['jɛni]
debito (m)	**dívida** (f)	['dʒivida]
debitore (m)	**devedor** (m)	[deve'dor]
prestare (~ i soldi)	**emprestar** (vt)	[ẽpres'tar]
prendere in prestito	**pedir emprestado**	[pe'dʒir ẽpres'tadu]
banca (f)	**banco** (m)	['bãku]
conto (m)	**conta** (f)	['kõta]
versare (vt)	**depositar** (vt)	[depozi'tar]
versare sul conto	**depositar na conta**	[depozi'tar na 'kõta]
prelevare dal conto	**sacar** (vt)	[sa'kar]
carta (f) di credito	**cartão** (m) **de crédito**	[kar'tãw de 'krɛdʒitu]
contanti (m pl)	**dinheiro** (m) **vivo**	[dʒi'ɲejru 'vivu]
assegno (m)	**cheque** (m)	['ʃɛki]
emettere un assegno	**passar um cheque**	[pa'sar ũ 'ʃɛki]
libretto (m) di assegni	**talão** (m) **de cheques**	[ta'lãw de 'ʃɛkis]
portafoglio (m)	**carteira** (f)	[kar'tejra]
borsellino (m)	**niqueleira** (f)	[nike'lejra]
cassaforte (f)	**cofre** (m)	['kɔfri]
erede (m)	**herdeiro** (m)	[er'dejru]
eredità (f)	**herança** (f)	[e'rãsa]
fortuna (f)	**fortuna** (f)	[for'tuna]
affitto (m), locazione (f)	**arrendamento** (m)	[ahẽda'mẽtu]
canone (m) d'affitto	**aluguel** (m)	[alu'gɛw]
affittare (dare in affitto)	**alugar** (vt)	[alu'gar]
prezzo (m)	**preço** (m)	['presu]
costo (m)	**custo** (m)	['kustu]

somma (f)	**soma** (f)	['sɔma]
spendere (vt)	**gastar** (vt)	[gas'tar]
spese (f pl)	**gastos** (m pl)	['gastus]
economizzare (vi, vt)	**economizar** (vi)	[ekonomi'zar]
economico (agg)	**econômico**	[eko'nomiku]
pagare (vi, vt)	**pagar** (vt)	[pa'gar]
pagamento (m)	**pagamento** (m)	[paga'mẽtu]
resto (m) (dare il ~)	**troco** (m)	['troku]
imposta (f)	**imposto** (m)	[ĩ'postu]
multa (f), ammenda (f)	**multa** (f)	['muwta]
multare (vt)	**multar** (vt)	[muw'tar]

42. Posta. Servizio postale

ufficio (m) postale	**agência** (f) **dos correios**	[a'ʒẽsja dus ko'hejus]
posta (f) (lettere, ecc.)	**correio** (m)	[ko'heju]
postino (m)	**carteiro** (m)	[kar'tejru]
orario (m) di apertura	**horário** (m)	[o'rarju]
lettera (f)	**carta** (f)	['karta]
raccomandata (f)	**carta** (f) **registada**	['karta heʒis'tada]
cartolina (f)	**cartão** (m) **postal**	[kar'tãw pos'taw]
telegramma (m)	**telegrama** (m)	[tele'grama]
pacco (m) postale	**encomenda** (f)	[ẽko'mẽda]
vaglia (m) postale	**transferência** (f) **de dinheiro**	[trãsfe'rẽsja de ʤi'ɲejru]
ricevere (vt)	**receber** (vt)	[hese'ber]
spedire (vt)	**enviar** (vt)	[ẽ'vjar]
invio (m)	**envio** (m)	[ẽ'viu]
indirizzo (m)	**endereço** (m)	[ẽde'resu]
codice (m) postale	**código** (m) **postal**	['kɔʤigu pos'taw]
mittente (m)	**remetente** (m)	[heme'tẽtʃi]
destinatario (m)	**destinatário** (m)	[destʃina'tarju]
nome (m)	**nome** (m)	['nɔmi]
cognome (m)	**sobrenome** (m)	[sobri'nɔmi]
tariffa (f)	**tarifa** (f)	[ta'rifa]
ordinario (agg)	**ordinário**	[orʤi'narju]
standard (agg)	**econômico**	[eko'nomiku]
peso (m)	**peso** (m)	['pezu]
pesare (vt)	**pesar** (vt)	[pe'zar]
busta (f)	**envelope** (m)	[ẽve'lɔpi]
francobollo (m)	**selo** (m) **postal**	['selu pos'taw]
affrancare (vt)	**colar o selo**	[ko'lar u 'selu]

43. Attività bancaria

banca (f)	**banco** (m)	['bãku]
filiale (f)	**balcão** (f)	[baw'kãw]

consulente (m)	**consultor** (m) **bancário**	[kõsuw'tor bã'karju]
direttore (m)	**gerente** (m)	[ʒe'rẽtʃi]
conto (m) bancario	**conta** (f)	['kõta]
numero (m) del conto	**número** (m) **da conta**	['numeru da 'kõta]
conto (m) corrente	**conta** (f) **corrente**	['kõta ko'hẽtʃi]
conto (m) di risparmio	**conta** (f) **poupança**	['kõta po'pãsa]
aprire un conto	**abrir uma conta**	[a'brir 'uma 'kõta]
chiudere il conto	**fechar uma conta**	[fe'ʃar 'uma 'kõta]
versare sul conto	**depositar na conta**	[depozi'tar na 'kõta]
prelevare dal conto	**sacar** (vt)	[sa'kar]
deposito (m)	**depósito** (m)	[de'pɔzitu]
depositare (vt)	**fazer um depósito**	[fa'zer ũ de'pɔzitu]
trasferimento (m) telegrafico	**transferência** (f) **bancária**	[trãsfe'rẽsja bã'karja]
rimettere i soldi	**transferir** (vt)	[trãsfe'rir]
somma (f)	**soma** (f)	['sɔma]
Quanto?	**Quanto?**	['kwãtu]
firma (f)	**assinatura** (f)	[asina'tura]
firmare (vt)	**assinar** (vt)	[asi'nar]
carta (f) di credito	**cartão** (m) **de crédito**	[kar'tãw de 'krɛdʒitu]
codice (m)	**senha** (f)	['sɛɲa]
numero (m) della carta di credito	**número** (m) **do cartão de crédito**	['numeru du kar'tãw de 'krɛdʒitu]
bancomat (m)	**caixa** (m) **eletrônico**	['kaɪʃa ele'troniku]
assegno (m)	**cheque** (m)	['ʃɛki]
emettere un assegno	**passar um cheque**	[pa'sar ũ 'ʃɛki]
libretto (m) di assegni	**talão** (m) **de cheques**	[ta'lãw de 'ʃɛkis]
prestito (m)	**empréstimo** (m)	[ẽ'prɛstʃimu]
fare domanda per un prestito	**pedir um empréstimo**	[pe'dʒir ũ ẽ'prɛstʃimu]
ottenere un prestito	**obter empréstimo**	[ob'ter ẽ'prɛstʃimu]
concedere un prestito	**dar um empréstimo**	[dar ũ ẽ'prɛstʃimu]
garanzia (f)	**garantia** (f)	[garã'tʃia]

44. Telefono. Conversazione telefonica

telefono (m)	**telefone** (m)	[tele'fɔni]
telefonino (m)	**celular** (m)	[selu'lar]
segreteria (f) telefonica	**secretária** (f) **eletrônica**	[sekre'tarja ele'tronika]
telefonare (vi, vt)	**fazer uma chamada**	[fa'zer 'uma ʃa'mada]
chiamata (f)	**chamada** (f)	[ʃa'mada]
comporre un numero	**discar um número**	[dʒis'kar ũ 'numeru]
Pronto!	**Alô!**	[a'lo]
chiedere (domandare)	**perguntar** (vt)	[pergũ'tar]
rispondere (vi, vt)	**responder** (vt)	[hespõ'der]
udire (vt)	**ouvir** (vt)	[o'vir]

bene	**bem**	[bẽj]
male	**mal**	[maw]
disturbi (m pl)	**ruído** (m)	['hwidu]
cornetta (f)	**fone** (m)	['fɔni]
alzare la cornetta	**pegar o telefone**	[pe'gar u tele'fɔni]
riattaccare la cornetta	**desligar** (vi)	[dʒizli'gar]
occupato (agg)	**ocupado**	[oku'padu]
squillare (del telefono)	**tocar** (vi)	[to'kar]
elenco (m) telefonico	**lista** (f) **telefônica**	['lista tele'fonika]
locale (agg)	**local**	[lo'kaw]
telefonata (f) urbana	**chamada** (f) **local**	[ʃa'mada lo'kaw]
interurbano (agg)	**de longa distância**	['de 'lõgu dʒis'tãsja]
telefonata (f) interurbana	**chamada** (f) **de longa distância**	[ʃa'mada de 'lõgu dʒis'tãsja]
internazionale (agg)	**internacional**	[ĩternasjo'naw]
telefonata (f) internazionale	**chamada** (f) **internacional**	[ʃa'mada ĩternasjo'naw]

45. Telefono cellulare

telefonino (m)	**celular** (m)	[selu'lar]
schermo (m)	**tela** (f)	['tɛla]
tasto (m)	**botão** (m)	[bo'tãw]
scheda SIM (f)	**cartão SIM** (m)	[kar'tãw sim]
pila (f)	**bateria** (f)	[bate'ria]
essere scarico	**descarregar-se** (vr)	[dʒiskahe'garsi]
caricabatteria (m)	**carregador** (m)	[kahega'dor]
menù (m)	**menu** (m)	[me'nu]
impostazioni (f pl)	**configurações** (f pl)	[kõfigura'sõjs]
melodia (f)	**melodia** (f)	[melo'dʒia]
scegliere (vt)	**escolher** (vt)	[isko'ʎer]
calcolatrice (f)	**calculadora** (f)	[kawkula'dora]
segreteria (f) telefonica	**correio** (m) **de voz**	[ko'heju de vɔz]
sveglia (f)	**despertador** (m)	[dʒisperta'dor]
contatti (m pl)	**contatos** (m pl)	[kõ'tatus]
messaggio (m) SMS	**mensagem** (f) **de texto**	[mẽ'saʒẽ de 'testu]
abbonato (m)	**assinante** (m)	[asi'nãtʃi]

46. Articoli di cancelleria

penna (f) a sfera	**caneta** (f)	[ka'neta]
penna (f) stilografica	**caneta** (f) **tinteiro**	[ka'neta tʃĩ'tejru]
matita (f)	**lápis** (m)	['lapis]
evidenziatore (m)	**marcador** (m) **de texto**	[marka'dor de 'testu]
pennarello (m)	**caneta** (f) **hidrográfica**	[ka'neta idro'grafika]

taccuino (m)	**bloco** (m) **de notas**	['blɔku de 'nɔtas]
agenda (f)	**agenda** (f)	[a'ʒẽda]
righello (m)	**régua** (f)	['hɛgwa]
calcolatrice (f)	**calculadora** (f)	[kawkula'dora]
gomma (f) per cancellare	**borracha** (f)	[bo'haʃa]
puntina (f)	**alfinete** (m)	[awfi'netʃi]
graffetta (f)	**clipe** (m)	['klipi]
colla (f)	**cola** (f)	['kɔla]
pinzatrice (f)	**grampeador** (m)	[grãpja'dor]
perforatrice (f)	**furador** (m) **de papel**	[fura'dor de pa'pɛw]
temperamatite (m)	**apontador** (m)	[apõta'dor]

47. Lingue straniere

lingua (f)	**língua** (f)	['lĩgwa]
straniero (agg)	**estrangeiro**	[istrã'ʒejru]
lingua (f) straniera	**língua** (f) **estrangeira**	['lĩgwa istrã'ʒejra]
studiare (vt)	**estudar** (vt)	[istu'dar]
imparare (una lingua)	**aprender** (vt)	[aprẽ'der]
leggere (vi, vt)	**ler** (vt)	[ler]
parlare (vi, vt)	**falar** (vi)	[fa'lar]
capire (vt)	**entender** (vt)	[ẽtẽ'der]
scrivere (vi, vt)	**escrever** (vt)	[iskre'ver]
rapidamente	**rapidamente**	[hapida'mẽtʃi]
lentamente	**lentamente**	[lẽta'mẽtʃi]
correntemente	**fluentemente**	[fluẽte'mẽtʃi]
regole (f pl)	**regras** (f pl)	['hɛgras]
grammatica (f)	**gramática** (f)	[gra'matʃika]
lessico (m)	**vocabulário** (m)	[vokabu'larju]
fonetica (f)	**fonética** (f)	[fo'nɛtʃika]
manuale (m)	**livro** (m) **didático**	['livru dʒi'datʃiku]
dizionario (m)	**dicionário** (m)	[dʒisjo'narju]
manuale (m) autodidattico	**manual** (m) **autodidático**	[ma'nwaw awtɔdʒi'datʃiku]
frasario (m)	**guia** (m) **de conversação**	['gia de kõversa'sãw]
cassetta (f)	**fita** (f) **cassete**	['fita ka'sɛtʃi]
videocassetta (f)	**videoteipe** (m)	[vidʒju'tejpi]
CD (m)	**CD, disco** (m) **compacto**	['sede], ['dʒisku kõ'paktu]
DVD (m)	**DVD** (m)	[deve'de]
alfabeto (m)	**alfabeto** (m)	[awfa'bɛtu]
compitare (vt)	**soletrar** (vt)	[sole'trar]
pronuncia (f)	**pronúncia** (f)	[pro'nũsja]
accento (m)	**sotaque** (m)	[so'taki]
con un accento	**com sotaque**	[kõ so'taki]
senza accento	**sem sotaque**	[sẽ so'taki]
vocabolo (m)	**palavra** (f)	[pa'lavra]

significato (m)	**sentido** (m)	[sẽ'tʃidu]
corso (m) (~ di francese)	**curso** (m)	['kursu]
iscriversi (vr)	**inscrever-se** (vr)	[ĩskre'verse]
insegnante (m, f)	**professor** (m)	[profe'sor]
traduzione (f) (fare una ~)	**tradução** (f)	[tradu'sãw]
traduzione (f) (un testo)	**tradução** (f)	[tradu'sãw]
traduttore (m)	**tradutor** (m)	[tradu'tor]
interprete (m)	**intérprete** (m)	[ĩ'tɛrpretʃi]
poliglotta (m)	**poliglota** (m)	[pɔli'glɔta]
memoria (f)	**memória** (f)	[me'mɔrja]

PASTI. RISTORANTE

48. Preparazione della tavola

cucchiaio (m)	**colher** (f)	[ko'ʎer]
coltello (m)	**faca** (f)	['faka]
forchetta (f)	**garfo** (m)	['garfu]
tazza (f)	**xícara** (f)	['ʃikara]
piatto (m)	**prato** (m)	['pratu]
piattino (m)	**pires** (m)	['piris]
tovagliolo (m)	**guardanapo** (m)	[gwarda'napu]
stuzzicadenti (m)	**palito** (m)	[pa'litu]

49. Ristorante

ristorante (m)	**restaurante** (m)	[hestaw'rãtʃi]
caffè (m)	**cafeteria** (f)	[kafete'ria]
pub (m), bar (m)	**bar** (m), **cervejaria** (f)	[bar], [serveʒa'ria]
sala (f) da tè	**salão** (m) **de chá**	[sa'lãw de ʃa]
cameriere (m)	**garçom** (m)	[gar'sõ]
cameriera (f)	**garçonete** (f)	[garso'netʃi]
barista (m)	**barman** (m)	[bar'mã]
menù (m)	**cardápio** (m)	[kar'dapju]
lista (f) dei vini	**lista** (f) **de vinhos**	['lista de 'viɲus]
prenotare un tavolo	**reservar uma mesa**	[hezer'var 'uma 'meza]
piatto (m)	**prato** (m)	['pratu]
ordinare (~ il pranzo)	**pedir** (vt)	[pe'dʒir]
fare un'ordinazione	**fazer o pedido**	[fa'zer u pe'dʒidu]
aperitivo (m)	**aperitivo** (m)	[aperi'tʃivu]
antipasto (m)	**entrada** (f)	[ẽ'trada]
dolce (m)	**sobremesa** (f)	[sobri'meza]
conto (m)	**conta** (f)	['kõta]
pagare il conto	**pagar a conta**	[pa'gar a 'kõta]
dare il resto	**dar o troco**	[dar u 'troku]
mancia (f)	**gorjeta** (f)	[gor'ʒeta]

50. Pasti

cibo (m)	**comida** (f)	[ko'mida]
mangiare (vi, vt)	**comer** (vt)	[ko'mer]

colazione (f)	**café** (m) **da manhã**	[ka'fɛ da ma'ɲã]
fare colazione	**tomar café da manhã**	[to'mar ka'fɛ da ma'ɲã]
pranzo (m)	**almoço** (m)	[aw'mosu]
pranzare (vi)	**almoçar** (vi)	[awmo'sar]
cena (f)	**jantar** (m)	[ʒã'tar]
cenare (vi)	**jantar** (vi)	[ʒã'tar]
appetito (m)	**apetite** (m)	[ape'tʃitʃi]
Buon appetito!	**Bom apetite!**	[bõ ape'tʃitʃi]
aprire (vt)	**abrir** (vt)	[a'brir]
rovesciare (~ il vino, ecc.)	**derramar** (vt)	[deha'mar]
rovesciarsi (vr)	**derramar-se** (vr)	[deha'marsi]
bollire (vi)	**ferver** (vi)	[fer'ver]
far bollire	**ferver** (vt)	[fer'ver]
bollito (agg)	**fervido**	[fer'vidu]
raffreddare (vt)	**esfriar** (vt)	[is'frjar]
raffreddarsi (vr)	**esfriar-se** (vr)	[is'frjarse]
gusto (m)	**sabor, gosto** (m)	[sa'bor], ['gostu]
retrogusto (m)	**fim** (m) **de boca**	[fĩ de 'boka]
essere a dieta	**emagrecer** (vi)	[imagre'ser]
dieta (f)	**dieta** (f)	['dʒjɛta]
vitamina (f)	**vitamina** (f)	[vita'mina]
caloria (f)	**caloria** (f)	[kalo'ria]
vegetariano (m)	**vegetariano** (m)	[veʒeta'rjanu]
vegetariano (agg)	**vegetariano**	[veʒeta'rjanu]
grassi (m pl)	**gorduras** (f pl)	[gor'duras]
proteine (f pl)	**proteínas** (f pl)	[prote'inas]
carboidrati (m pl)	**carboidratos** (m pl)	[karboi'dratus]
fetta (f), fettina (f)	**fatia** (f)	[fa'tʃia]
pezzo (m) (~ di torta)	**pedaço** (m)	[pe'dasu]
briciola (f) (~ di pane)	**migalha** (f), **farelo** (m)	[mi'gaʎa], [fa'rɛlu]

51. Pietanze cucinate

piatto (m) (~ principale)	**prato** (m)	['pratu]
cucina (f)	**cozinha** (f)	[ko'ziɲa]
ricetta (f)	**receita** (f)	[he'sejta]
porzione (f)	**porção** (f)	[por'sãw]
insalata (f)	**salada** (f)	[sa'lada]
minestra (f)	**sopa** (f)	['sopa]
brodo (m)	**caldo** (m)	['kawdu]
panino (m)	**sanduíche** (m)	[sand'wiʃi]
uova (f pl) al tegamino	**ovos** (m pl) **fritos**	['ɔvus 'fritus]
hamburger (m)	**hambúrguer** (m)	[ã'burger]
bistecca (f)	**bife** (m)	['bifi]
contorno (m)	**acompanhamento** (m)	[akõpaɲa'mẽtu]

spaghetti (m pl)	**espaguete** (m)	[ispa'geti]
purè (m) di patate	**purê** (m) **de batata**	[pu're de ba'tata]
pizza (f)	**pizza** (f)	['pitsa]
porridge (m)	**mingau** (m)	[mĩ'gaw]
frittata (f)	**omelete** (f)	[ome'letʃi]
bollito (agg)	**fervido**	[fer'vidu]
affumicato (agg)	**defumado**	[defu'madu]
fritto (agg)	**frito**	['fritu]
secco (agg)	**seco**	['seku]
congelato (agg)	**congelado**	[kõʒe'ladu]
sottoaceto (agg)	**em conserva**	[ẽ kõ'serva]
dolce (gusto)	**doce**	['dosi]
salato (agg)	**salgado**	[saw'gadu]
freddo (agg)	**frio**	['friu]
caldo (agg)	**quente**	['kẽtʃi]
amaro (agg)	**amargo**	[a'margu]
buono, gustoso (agg)	**gostoso**	[gos'tozu]
cuocere, preparare (vt)	**cozinhar em água fervente**	[kozi'ɲar ẽ 'agwa fer'vẽtʃi]
cucinare (vi)	**preparar** (vt)	[prepa'rar]
friggere (vt)	**fritar** (vt)	[fri'tar]
riscaldare (vt)	**aquecer** (vt)	[ake'ser]
salare (vt)	**salgar** (vt)	[saw'gar]
pepare (vt)	**apimentar** (vt)	[apimẽ'tar]
grattugiare (vt)	**ralar** (vt)	[ha'lar]
buccia (f)	**casca** (f)	['kaska]
sbucciare (vt)	**descascar** (vt)	[dʒiskas'kar]

52. Cibo

carne (f)	**carne** (f)	['karni]
pollo (m)	**galinha** (f)	[ga'liɲa]
pollo (m) novello	**frango** (m)	['frãgu]
anatra (f)	**pato** (m)	['patu]
oca (f)	**ganso** (m)	['gãsu]
cacciagione (f)	**caça** (f)	['kasa]
tacchino (m)	**peru** (m)	[pe'ru]
maiale (m)	**carne** (f) **de porco**	['karni de 'porku]
vitello (m)	**carne** (f) **de vitela**	['karni de vi'tɛla]
agnello (m)	**carne** (f) **de carneiro**	['karni de kar'nejru]
manzo (m)	**carne** (f) **de vaca**	['karni de 'vaka]
coniglio (m)	**carne** (f) **de coelho**	['karni de ko'eʎu]
salame (m)	**linguiça** (f), **salsichão** (m)	[lĩ'gwisa], [sawsi'ʃãw]
w?rstel (m)	**salsicha** (f)	[saw'siʃa]
pancetta (f)	**bacon** (m)	['bejkõ]
prosciutto (m)	**presunto** (m)	[pre'zũtu]
prosciutto (m) affumicato	**pernil** (m) **de porco**	[per'niw de 'porku]
pâté (m)	**patê** (m)	[pa'te]
fegato (m)	**fígado** (m)	['figadu]

carne (f) trita	**guisado** (m)	[gi'zadu]
lingua (f)	**língua** (f)	['lĩgwa]
uovo (m)	**ovo** (m)	['ovu]
uova (f pl)	**ovos** (m pl)	['ɔvus]
albume (m)	**clara** (f) **de ovo**	['klara de 'ovu]
tuorlo (m)	**gema** (f) **de ovo**	['ʒɛma de 'ovu]
pesce (m)	**peixe** (m)	['pejʃi]
frutti (m pl) di mare	**mariscos** (m pl)	[ma'riskus]
crostacei (m pl)	**crustáceos** (m pl)	[krus'tasjus]
caviale (m)	**caviar** (m)	[ka'vjar]
granchio (m)	**caranguejo** (m)	[karã'geʒu]
gamberetto (m)	**camarão** (m)	[kama'rãw]
ostrica (f)	**ostra** (f)	['ostra]
aragosta (f)	**lagosta** (f)	[la'gosta]
polpo (m)	**polvo** (m)	['powvu]
calamaro (m)	**lula** (f)	['lula]
storione (m)	**esturjão** (m)	[istur'ʒãw]
salmone (m)	**salmão** (m)	[saw'mãw]
ippoglosso (m)	**halibute** (m)	[ali'butʃi]
merluzzo (m)	**bacalhau** (m)	[baka'ʎaw]
scombro (m)	**cavala, sarda** (f)	[ka'vala], ['sarda]
tonno (m)	**atum** (m)	[a'tũ]
anguilla (f)	**enguia** (f)	[ẽ'gia]
trota (f)	**truta** (f)	['truta]
sardina (f)	**sardinha** (f)	[sar'dʒiɲa]
luccio (m)	**lúcio** (m)	['lusju]
aringa (f)	**arenque** (m)	[a'rẽki]
pane (m)	**pão** (m)	[pãw]
formaggio (m)	**queijo** (m)	['kejʒu]
zucchero (m)	**açúcar** (m)	[a'sukar]
sale (m)	**sal** (m)	[saw]
riso (m)	**arroz** (m)	[a'hoz]
pasta (f)	**massas** (f pl)	['masas]
tagliatelle (f pl)	**talharim, miojo** (m)	[taʎa'rĩ], [mi'oʒu]
burro (m)	**manteiga** (f)	[mã'tejga]
olio (m) vegetale	**óleo** (m) **vegetal**	['ɔlju veʒe'taw]
olio (m) di girasole	**óleo** (m) **de girassol**	['ɔlju de ʒira'sɔw]
margarina (f)	**margarina** (f)	[marga'rina]
olive (f pl)	**azeitonas** (f pl)	[azej'tɔnas]
olio (m) d'oliva	**azeite** (m)	[a'zejtʃi]
latte (m)	**leite** (m)	['lejtʃi]
latte (m) condensato	**leite** (m) **condensado**	['lejtʃi kõdẽ'sadu]
yogurt (m)	**iogurte** (m)	[jo'gurtʃi]
panna (f) acida	**creme azedo** (m)	['krɛmi a'zedu]
panna (f)	**creme** (m) **de leite**	['krɛmi de 'lejtʃi]

maionese (m)	**maionese** (f)	[majo'nɛzi]
crema (f)	**creme** (m)	['krɛmi]
cereali (m pl)	**grãos** (m pl) **de cereais**	['grãws de se'rjajs]
farina (f)	**farinha** (f)	[fa'riɲa]
cibi (m pl) in scatola	**enlatados** (m pl)	[ẽla'tadus]
fiocchi (m pl) di mais	**flocos** (m pl) **de milho**	['flɔkus de 'miʎu]
miele (m)	**mel** (m)	[mɛw]
marmellata (f)	**geleia** (m)	[ʒe'lɛja]
gomma (f) da masticare	**chiclete** (m)	[ʃi'klɛtʃi]

53. Bevande

acqua (f)	**água** (f)	['agwa]
acqua (f) potabile	**água** (f) **potável**	['agwa pu'tavɛw]
acqua (f) minerale	**água** (f) **mineral**	['agwa mine'raw]
liscia (non gassata)	**sem gás**	[sẽ gajs]
gassata (agg)	**gaseificada**	[gazejfi'kadu]
frizzante (agg)	**com gás**	[kõ gajs]
ghiaccio (m)	**gelo** (m)	['ʒelu]
con ghiaccio	**com gelo**	[kõ 'ʒelu]
analcolico (agg)	**não alcoólico**	[nãw aw'kɔliku]
bevanda (f) analcolica	**refrigerante** (m)	[hefriʒe'rãtʃi]
bibita (f)	**refresco** (m)	[he'fresku]
limonata (f)	**limonada** (f)	[limo'nada]
bevande (f pl) alcoliche	**bebidas** (f pl) **alcoólicas**	[be'bidas aw'kɔlikas]
vino (m)	**vinho** (m)	['viɲu]
vino (m) bianco	**vinho** (m) **branco**	['viɲu 'brãku]
vino (m) rosso	**vinho** (m) **tinto**	['viɲu 'tʃĩtu]
liquore (m)	**licor** (m)	[li'kor]
champagne (m)	**champanhe** (m)	[ʃã'paɲi]
vermouth (m)	**vermute** (m)	[ver'mutʃi]
whisky	**uísque** (m)	['wiski]
vodka (f)	**vodca** (f)	['vɔdʒka]
gin (m)	**gim** (m)	[ʒĩ]
cognac (m)	**conhaque** (m)	[ko'ɲaki]
rum (m)	**rum** (m)	[hũ]
caffè (m)	**café** (m)	[ka'fɛ]
caffè (m) nero	**café** (m) **preto**	[ka'fɛ 'pretu]
caffè latte (m)	**café** (m) **com leite**	[ka'fɛ kõ 'lejtʃi]
cappuccino (m)	**cappuccino** (m)	[kapu'tʃinu]
caffè (m) solubile	**café** (m) **solúvel**	[ka'fɛ so'luvew]
latte (m)	**leite** (m)	['lejtʃi]
cocktail (m)	**coquetel** (m)	[koke'tɛw]
frullato (m)	**batida** (f), **milkshake** (m)	[ba'tʃida], ['milkʃejk]
succo (m)	**suco** (m)	['suku]

succo (m) di pomodoro	**suco** (m) **de tomate**	['suku de to'matʃi]
succo (m) d'arancia	**suco** (m) **de laranja**	['suku de la'rãʒa]
spremuta (f)	**suco** (m) **fresco**	['suku 'fresku]
birra (f)	**cerveja** (f)	[ser'veʒa]
birra (f) chiara	**cerveja** (f) **clara**	[ser'veʒa 'klara]
birra (f) scura	**cerveja** (f) **preta**	[ser'veʒa 'preta]
tè (m)	**chá** (m)	[ʃa]
tè (m) nero	**chá** (m) **preto**	[ʃa 'pretu]
tè (m) verde	**chá** (m) **verde**	[ʃa 'verdʒi]

54. Verdure

ortaggi (m pl)	**vegetais** (m pl)	[veʒe'tajs]
verdura (f)	**verdura** (f)	[ver'dura]
pomodoro (m)	**tomate** (m)	[to'matʃi]
cetriolo (m)	**pepino** (m)	[pe'pinu]
carota (f)	**cenoura** (f)	[se'nora]
patata (f)	**batata** (f)	[ba'tata]
cipolla (f)	**cebola** (f)	[se'bola]
aglio (m)	**alho** (m)	['aʎu]
cavolo (m)	**couve** (f)	['kovi]
cavolfiore (m)	**couve-flor** (f)	['kovi 'flɔr]
cavoletti (m pl) di Bruxelles	**couve-de-bruxelas** (f)	['kovi de bru'ʃelas]
broccolo (m)	**brócolis** (m pl)	['brɔkolis]
barbabietola (f)	**beterraba** (f)	[bete'haba]
melanzana (f)	**berinjela** (f)	[berĩ'ʒɛla]
zucchina (f)	**abobrinha** (f)	[abo'briɲa]
zucca (f)	**abóbora** (f)	[a'bɔbora]
rapa (f)	**nabo** (m)	['nabu]
prezzemolo (m)	**salsa** (f)	['sawsa]
aneto (m)	**endro, aneto** (m)	['ẽdru], [a'netu]
lattuga (f)	**alface** (f)	[aw'fasi]
sedano (m)	**aipo** (m)	['ajpu]
asparago (m)	**aspargo** (m)	[as'pargu]
spinaci (m pl)	**espinafre** (m)	[ispi'nafri]
pisello (m)	**ervilha** (f)	[er'viʎa]
fave (f pl)	**feijão** (m)	[fej'ʒãw]
mais (m)	**milho** (m)	['miʎu]
fagiolo (m)	**feijão** (m) **roxo**	[fej'ʒãw 'hoʃu]
peperone (m)	**pimentão** (m)	[pimẽ'tãw]
ravanello (m)	**rabanete** (m)	[haba'netʃi]
carciofo (m)	**alcachofra** (f)	[awka'ʃofra]

55. Frutta. Noci

frutto (m)	**fruta** (f)	['fruta]
mela (f)	**maçã** (f)	[ma'sã]
pera (f)	**pera** (f)	['pera]
limone (m)	**limão** (m)	[li'mãw]
arancia (f)	**laranja** (f)	[la'rãʒa]
fragola (f)	**morango** (m)	[mo'rãgu]
mandarino (m)	**tangerina** (f)	[tãʒe'rina]
prugna (f)	**ameixa** (f)	[a'mejʃa]
pesca (f)	**pêssego** (m)	['pesegu]
albicocca (f)	**damasco** (m)	[da'masku]
lampone (m)	**framboesa** (f)	[frãbo'eza]
ananas (m)	**abacaxi** (m)	[abaka'ʃi]
banana (f)	**banana** (f)	[ba'nana]
anguria (f)	**melancia** (f)	[melã'sia]
uva (f)	**uva** (f)	['uva]
amarena (f)	**ginja** (f)	['ʒĩʒa]
ciliegia (f)	**cereja** (f)	[se'reʒa]
melone (m)	**melão** (m)	[me'lãw]
pompelmo (m)	**toranja** (f)	[to'rãʒa]
avocado (m)	**abacate** (m)	[aba'katʃi]
papaia (f)	**mamão** (m)	[ma'mãw]
mango (m)	**manga** (f)	['mãga]
melagrana (f)	**romã** (f)	['homa]
ribes (m) rosso	**groselha** (f) **vermelha**	[[gro'zɛʎa ver'meʎa]
ribes (m) nero	**groselha** (f) **negra**	[gro'zɛʎa 'negra]
uva (f) spina	**groselha** (f) **espinhosa**	[gro'zɛʎa ispi'ɲoza]
mirtillo (m)	**mirtilo** (m)	[mih'tʃilu]
mora (f)	**amora** (f) **silvestre**	[a'mɔra siw'vɛstri]
uvetta (f)	**passa** (f)	['pasa]
fico (m)	**figo** (m)	['figu]
dattero (m)	**tâmara** (f)	['tamara]
arachide (f)	**amendoim** (m)	[amẽdo'ĩ]
mandorla (f)	**amêndoa** (f)	[a'mẽdwa]
noce (f)	**noz** (f)	[nɔz]
nocciola (f)	**avelã** (f)	[ave'lã]
noce (f) di cocco	**coco** (m)	['koku]
pistacchi (m pl)	**pistaches** (m pl)	[pis'taʃis]

56. Pane. Dolci

pasticceria (f)	**pastelaria** (f)	[pastela'ria]
pane (m)	**pão** (m)	[pãw]
biscotti (m pl)	**biscoito** (m), **bolacha** (f)	[bis'kojtu], [bo'laʃa]
cioccolato (m)	**chocolate** (m)	[ʃoko'latʃi]
al cioccolato (agg)	**de chocolate**	[de ʃoko'latʃi]

caramella (f)	**bala** (f)	['bala]
tortina (f)	**doce** (m), **bolo** (m) **pequeno**	['dosi], ['bolu pe'kenu]
torta (f)	**bolo** (m) **de aniversário**	['bolu de aniver'sarju]
crostata (f)	**torta** (f)	['tɔrta]
ripieno (m)	**recheio** (m)	[he'ʃeju]
marmellata (f)	**geleia** (m)	[ʒe'lɛja]
marmellata (f) di agrumi	**marmelada** (f)	[marme'lada]
wafer (m)	**wafers** (m pl)	['wafers]
gelato (m)	**sorvete** (m)	[sor'vetʃi]
budino (m)	**pudim** (m)	[pu'dʒĩ]

57. Spezie

sale (m)	**sal** (m)	[saw]
salato (agg)	**salgado**	[saw'gadu]
salare (vt)	**salgar** (vt)	[saw'gar]
pepe (m) nero	**pimenta-do-reino** (f)	[pi'mẽta-du-hejnu]
peperoncino (m)	**pimenta** (f) **vermelha**	[pi'mẽta ver'meʎa]
senape (f)	**mostarda** (f)	[mos'tarda]
cren (m)	**raiz-forte** (f)	[ha'iz fɔrtʃi]
condimento (m)	**condimento** (m)	[kõdʒi'mẽtu]
spezie (f pl)	**especiaria** (f)	[ispesja'ria]
salsa (f)	**molho** (m)	['moʎu]
aceto (m)	**vinagre** (m)	[vi'nagri]
anice (m)	**anis** (m)	[a'nis]
basilico (m)	**manjericão** (m)	[mãʒeri'kãw]
chiodi (m pl) di garofano	**cravo** (m)	['kravu]
zenzero (m)	**gengibre** (m)	[ʒẽ'ʒibri]
coriandolo (m)	**coentro** (m)	[ko'ẽtru]
cannella (f)	**canela** (f)	[ka'nɛla]
sesamo (m)	**gergelim** (m)	[ʒerʒe'lĩ]
alloro (m)	**folha** (f) **de louro**	['foʎaʃ de 'loru]
paprica (f)	**páprica** (f)	['paprika]
cumino (m)	**cominho** (m)	[ko'miɲu]
zafferano (m)	**açafrão** (m)	[asa'frãw]

INFORMAZIONI PERSONALI. FAMIGLIA

58. Informazioni personali. Moduli

nome (m)	**nome** (m)	['nɔmi]
cognome (m)	**sobrenome** (m)	[sobri'nɔmi]
data (f) di nascita	**data** (f) **de nascimento**	['data de nasi'mẽtu]
luogo (m) di nascita	**local** (m) **de nascimento**	[lo'kaw de nasi'mẽtu]
nazionalità (f)	**nacionalidade** (f)	[nasjonali'daʤi]
domicilio (m)	**lugar** (m) **de residência**	[lu'gar de hezi'dẽsja]
paese (m)	**país** (m)	[pa'jis]
professione (f)	**profissão** (f)	[profi'sãw]
sesso (m)	**sexo** (m)	['sɛksu]
statura (f)	**estatura** (f)	[ista'tura]
peso (m)	**peso** (m)	['pezu]

59. Membri della famiglia. Parenti

madre (f)	**mãe** (f)	[mãj]
padre (m)	**pai** (m)	[paj]
figlio (m)	**filho** (m)	['fiʎu]
figlia (f)	**filha** (f)	['fiʎa]
figlia (f) minore	**caçula** (f)	[ka'sula]
figlio (m) minore	**caçula** (m)	[ka'sula]
figlia (f) maggiore	**filha** (f) **mais velha**	['fiʎa majs 'vɛʎa]
figlio (m) maggiore	**filho** (m) **mais velho**	['fiʎu majs 'vɛʎu]
fratello (m)	**irmão** (m)	[ir'mãw]
fratello (m) maggiore	**irmão** (m) **mais velho**	[ir'mãw majs 'vɛʎu]
fratello (m) minore	**irmão** (m) **mais novo**	[ir'mãw majs 'novu]
sorella (f)	**irmã** (f)	[ir'mã]
sorella (f) maggiore	**irmã** (f) **mais velha**	[ir'mã majs 'vɛʎa]
sorella (f) minore	**irmã** (f) **mais nova**	[ir'mã majs 'nɔva]
cugino (m)	**primo** (m)	['primu]
cugina (f)	**prima** (f)	['prima]
mamma (f)	**mamãe** (f)	[ma'mãj]
papà (m)	**papai** (m)	[pa'paj]
genitori (m pl)	**pais** (pl)	['pajs]
bambino (m)	**criança** (f)	['krjãsa]
bambini (m pl)	**crianças** (f pl)	['krjãsas]
nonna (f)	**avó** (f)	[a'vo]
nonno (m)	**avô** (m)	[a'vɔ]
nipote (m) (figlio di un figlio)	**neto** (m)	['nɛtu]

nipote (f)	**neta** (f)	['nɛta]
nipoti (pl)	**netos** (pl)	['nɛtus]
zio (m)	**tio** (m)	['tʃiu]
zia (f)	**tia** (f)	['tʃia]
nipote (m) (figlio di un fratello)	**sobrinho** (m)	[so'briɲu]
nipote (f)	**sobrinha** (f)	[so'briɲa]
suocera (f)	**sogra** (f)	['sɔgra]
suocero (m)	**sogro** (m)	['sogru]
genero (m)	**genro** (m)	['ʒẽhu]
matrigna (f)	**madrasta** (f)	[ma'drasta]
patrigno (m)	**padrasto** (m)	[pa'drastu]
neonato (m)	**criança** (f) **de colo**	['krjãsa de 'kɔlu]
infante (m)	**bebê** (m)	[be'be]
bimbo (m), ragazzino (m)	**menino** (m)	[me'ninu]
moglie (f)	**mulher** (f)	[mu'ʎer]
marito (m)	**marido** (m)	[ma'ridu]
coniuge (m)	**esposo** (m)	[is'pozu]
coniuge (f)	**esposa** (f)	[is'poza]
sposato (agg)	**casado**	[ka'zadu]
sposata (agg)	**casada**	[ka'zada]
celibe (agg)	**solteiro**	[sow'tejru]
scapolo (m)	**solteirão** (m)	[sowtej'rãw]
divorziato (agg)	**divorciado**	[dʒivor'sjadu]
vedova (f)	**viúva** (f)	['vjuva]
vedovo (m)	**viúvo** (m)	['vjuvu]
parente (m)	**parente** (m)	[pa'rẽtʃi]
parente (m) stretto	**parente** (m) **próximo**	[pa'rẽtʃi 'prɔsimu]
parente (m) lontano	**parente** (m) **distante**	[pa'rẽtʃi dʒis'tãtʃi]
parenti (m pl)	**parentes** (m pl)	[pa'rẽtʃis]
orfano (m)	**órfão** (m)	['ɔrfãw]
orfana (f)	**órfã** (f)	['ɔrfã]
tutore (m)	**tutor** (m)	[tu'tor]
adottare (~ un bambino)	**adotar** (vt)	[ado'tar]
adottare (~ una bambina)	**adotar** (vt)	[ado'tar]

60. Amici. Colleghi

amico (m)	**amigo** (m)	[a'migu]
amica (f)	**amiga** (f)	[a'miga]
amicizia (f)	**amizade** (f)	[ami'zadʒi]
essere amici	**ser amigos**	[ser a'migus]
amico (m) (inform.)	**amigo** (m)	[a'migu]
amica (f) (inform.)	**amiga** (f)	[a'miga]
partner (m)	**parceiro** (m)	[par'sejru]
capo (m)	**chefe** (m)	['ʃɛfi]
capo (m), superiore (m)	**superior** (m)	[supe'rjor]

proprietario (m)	**proprietário** (m)	[proprje'tarju]
subordinato (m)	**subordinado** (m)	[subordʒi'nadu]
collega (m)	**colega** (m, f)	[ko'lɛga]
conoscente (m)	**conhecido** (m)	[koɲe'sidu]
compagno (m) di viaggio	**companheiro** (m) **de viagem**	[kõpa'ɲejru de 'vjaʒẽ]
compagno (m) di classe	**colega** (m) **de classe**	[ko'lɛga de 'klasi]
vicino (m)	**vizinho** (m)	[vi'ziɲu]
vicina (f)	**vizinha** (f)	[vi'ziɲa]
vicini (m pl)	**vizinhos** (pl)	[vi'ziɲus]

CORPO UMANO. MEDICINALI

61. Testa

testa (f)	**cabeça** (f)	[ka'besa]
viso (m)	**rosto, cara** (f)	['hostu], ['kara]
naso (m)	**nariz** (m)	[na'riz]
bocca (f)	**boca** (f)	['boka]
occhio (m)	**olho** (m)	['oʎu]
occhi (m pl)	**olhos** (m pl)	['oʎus]
pupilla (f)	**pupila** (f)	[pu'pila]
sopracciglio (m)	**sobrancelha** (f)	[sobrã'seʎa]
ciglio (m)	**cílio** (f)	['silju]
palpebra (f)	**pálpebra** (f)	['pawpebra]
lingua (f)	**língua** (f)	['lĩgwa]
dente (m)	**dente** (m)	['dẽtʃi]
labbra (f pl)	**lábios** (m pl)	['labjus]
zigomi (m pl)	**maçãs** (f pl) **do rosto**	[ma'sãs du 'hostu]
gengiva (f)	**gengiva** (f)	[ʒẽ'ʒiva]
palato (m)	**palato** (m)	[pa'latu]
narici (f pl)	**narinas** (f pl)	[na'rinas]
mento (m)	**queixo** (m)	['kejʃu]
mascella (f)	**mandíbula** (f)	[mã'dʒibula]
guancia (f)	**bochecha** (f)	[bo'ʃeʃa]
fronte (f)	**testa** (f)	['tɛsta]
tempia (f)	**têmpora** (f)	['tẽpora]
orecchio (m)	**orelha** (f)	[o'reʎa]
nuca (f)	**costas** (f pl) **da cabeça**	['kɔstas da ka'besa]
collo (m)	**pescoço** (m)	[pes'kosu]
gola (f)	**garganta** (f)	[gar'gãta]
capelli (m pl)	**cabelo** (m)	[ka'belu]
pettinatura (f)	**penteado** (m)	[pẽ'tʃjadu]
taglio (m)	**corte** (m) **de cabelo**	['kɔrtʃi de ka'belu]
parrucca (f)	**peruca** (f)	[pe'ruka]
baffi (m pl)	**bigode** (m)	[bi'gɔdʒi]
barba (f)	**barba** (f)	['barba]
portare (~ la barba, ecc.)	**ter** (vt)	[ter]
treccia (f)	**trança** (f)	['trãsa]
basette (f pl)	**suíças** (f pl)	['swisas]
rosso (agg)	**ruivo**	['hwivu]
brizzolato (agg)	**grisalho**	[gri'zaʎu]
calvo (agg)	**careca**	[ka'rɛka]
calvizie (f)	**calva** (f)	['kawvu]

coda (f) di cavallo	**rabo-de-cavalo** (m)	['habu-de-ka'valu]
frangetta (f)	**franja** (f)	['frãʒa]

62. Corpo umano

mano (f)	**mão** (f)	[mãw]
braccio (m)	**braço** (m)	['brasu]
dito (m)	**dedo** (m)	['dedu]
dito (m) del piede	**dedo** (m) **do pé**	['dedu du pɛ]
pollice (m)	**polegar** (m)	[pole'gar]
mignolo (m)	**dedo** (m) **mindinho**	['dedu mĩ'dʒiɲu]
unghia (f)	**unha** (f)	['uɲa]
pugno (m)	**punho** (m)	['puɲu]
palmo (m)	**palma** (f)	['pawma]
polso (m)	**pulso** (m)	['puwsu]
avambraccio (m)	**antebraço** (m)	[ãtʃi'brasu]
gomito (m)	**cotovelo** (m)	[koto'velu]
spalla (f)	**ombro** (m)	['õbru]
gamba (f)	**perna** (f)	['pɛrna]
pianta (f) del piede	**pé** (m)	[pɛ]
ginocchio (m)	**joelho** (m)	[ʒo'eʎu]
polpaccio (m)	**panturrilha** (f)	[pãtu'hiʎa]
anca (f)	**quadril** (m)	[kwa'driw]
tallone (m)	**calcanhar** (m)	[kawka'ɲar]
corpo (m)	**corpo** (m)	['korpu]
pancia (f)	**barriga** (f), **ventre** (m)	[ba'higa], ['vẽtri]
petto (m)	**peito** (m)	['pejtu]
seno (m)	**seio** (m)	['seju]
fianco (m)	**lado** (m)	['ladu]
schiena (f)	**costas** (f pl)	['kɔstas]
zona (f) lombare	**região** (f) **lombar**	[he'ʒjãw lõ'bar]
vita (f)	**cintura** (f)	[sĩ'tura]
ombelico (m)	**umbigo** (m)	[ũ'bigu]
natiche (f pl)	**nádegas** (f pl)	['nadegas]
sedere (m)	**traseiro** (m)	[tra'zejru]
neo (m)	**sinal** (m), **pinta** (f)	[si'naw], ['pĩta]
voglia (f) (~ di fragola)	**sinal** (m) **de nascença**	[si'naw de na'sẽsa]
tatuaggio (m)	**tatuagem** (f)	[ta'twaʒẽ]
cicatrice (f)	**cicatriz** (f)	[sika'triz]

63. Malattie

malattia (f)	**doença** (f)	[do'ẽsa]
essere malato	**estar doente**	[is'tar do'ẽtʃi]
salute (f)	**saúde** (f)	[sa'udʒi]
raffreddore (m)	**nariz** (m) **escorrendo**	[na'riz isko'hẽdu]

tonsillite (f)	**amigdalite** (f)	[amigda'litʃi]
raffreddore (m)	**resfriado** (m)	[hes'frjadu]
raffreddarsi (vr)	**ficar resfriado**	[fi'kar hes'frjadu]
bronchite (f)	**bronquite** (f)	[brõ'kitʃi]
polmonite (f)	**pneumonia** (f)	[pnewmo'nia]
influenza (f)	**gripe** (f)	['gripi]
miope (agg)	**míope**	['miopi]
presbite (agg)	**presbita**	[pres'bita]
strabismo (m)	**estrabismo** (m)	[istra'bizmu]
strabico (agg)	**estrábico, vesgo**	[is'trabiku], ['vezgu]
cateratta (f)	**catarata** (f)	[kata'rata]
glaucoma (m)	**glaucoma** (m)	[glaw'koma]
ictus (m) cerebrale	**AVC** (m), **apoplexia** (f)	[ave'se], [apople'ksia]
attacco (m) di cuore	**ataque** (m) **cardíaco**	[a'taki kar'dʒiaku]
infarto (m) miocardico	**enfarte** (m) **do miocárdio**	[ẽ'fartʃi du mjo'kardʒiu]
paralisi (f)	**paralisia** (f)	[parali'zia]
paralizzare (vt)	**paralisar** (vt)	[parali'zar]
allergia (f)	**alergia** (f)	[aler'ʒia]
asma (f)	**asma** (f)	['azma]
diabete (m)	**diabetes** (f)	[dʒja'bɛtʃis]
mal (m) di denti	**dor** (f) **de dente**	[dor de 'dẽtʃi]
carie (f)	**cárie** (f)	['kari]
diarrea (f)	**diarreia** (f)	[dʒja'hɛja]
stitichezza (f)	**prisão** (f) **de ventre**	[pri'zãw de 'vẽtri]
disturbo (m) gastrico	**desarranjo** (m) **intestinal**	[dʒiza'hãʒu ĩtestʃi'naw]
intossicazione (f) alimentare	**intoxicação** (f) **alimentar**	[ĩtoksika'sãw alimẽ'tar]
intossicarsi (vr)	**intoxicar-se**	[ĩtoksi'karsi]
artrite (f)	**artrite** (f)	[ar'tritʃi]
rachitide (f)	**raquitismo** (m)	[haki'tʃizmu]
reumatismo (m)	**reumatismo** (m)	[hewma'tʃizmu]
aterosclerosi (f)	**arteriosclerose** (f)	[arterjoskle'rɔzi]
gastrite (f)	**gastrite** (f)	[gas'tritʃi]
appendicite (f)	**apendicite** (f)	[apẽdʒi'sitʃi]
colecistite (f)	**colecistite** (f)	[kulesi'stʃitʃi]
ulcera (f)	**úlcera** (f)	['uwsera]
morbillo (m)	**sarampo** (m)	[sa'rãpu]
rosolia (f)	**rubéola** (f)	[hu'bɛola]
itterizia (f)	**icterícia** (f)	[ikte'risja]
epatite (f)	**hepatite** (f)	[epa'tʃitʃi]
schizofrenia (f)	**esquizofrenia** (f)	[iskizofre'nia]
rabbia (f)	**raiva** (f)	['hajva]
nevrosi (f)	**neurose** (f)	[new'rɔzi]
commozione (f) cerebrale	**contusão** (f) **cerebral**	[kõtu'zãw sere'braw]
cancro (m)	**câncer** (m)	['kãser]
sclerosi (f)	**esclerose** (f)	[iskle'rozi]

sclerosi (f) multipla	**esclerose** (f) **múltipla**	[iskle'rozi 'muwtʃipla]
alcolismo (m)	**alcoolismo** (m)	[awko'lizmu]
alcolizzato (m)	**alcoólico** (m)	[aw'kɔliku]
sifilide (f)	**sífilis** (f)	['sifilis]
AIDS (m)	**AIDS** (f)	['ajdʒs]
tumore (m)	**tumor** (m)	[tu'mor]
maligno (agg)	**maligno**	[ma'lignu]
benigno (agg)	**benigno**	[be'nignu]
febbre (f)	**febre** (f)	['fɛbri]
malaria (f)	**malária** (f)	[ma'larja]
cancrena (f)	**gangrena** (f)	[gã'grena]
mal (m) di mare	**enjoo** (m)	[ẽ'ʒou]
epilessia (f)	**epilepsia** (f)	[epile'psia]
epidemia (f)	**epidemia** (f)	[epide'mia]
tifo (m)	**tifo** (m)	['tʃifu]
tubercolosi (f)	**tuberculose** (f)	[tuberku'lɔzi]
colera (m)	**cólera** (f)	['kɔlera]
peste (f)	**peste** (f) **bubônica**	['pɛstʃi bu'bonika]

64. Sintomi. Cure. Parte 1

sintomo (m)	**sintoma** (m)	[sĩ'tɔma]
temperatura (f)	**temperatura** (f)	[tẽpera'tura]
febbre (f) alta	**febre** (f)	['fɛbri]
polso (m)	**pulso** (m)	['puwsu]
capogiro (m)	**vertigem** (f)	[ver'tʃiʒẽ]
caldo (agg)	**quente**	['kẽtʃi]
brivido (m)	**calafrio** (m)	[kala'friu]
pallido (un viso ~)	**pálido**	['palidu]
tosse (f)	**tosse** (f)	['tɔsi]
tossire (vi)	**tossir** (vi)	[to'sir]
starnutire (vi)	**espirrar** (vi)	[ispi'har]
svenimento (m)	**desmaio** (m)	[dʒiz'maju]
svenire (vi)	**desmaiar** (vi)	[dʒizma'jar]
livido (m)	**mancha** (f) **preta**	['mãʃa 'preta]
bernoccolo (m)	**galo** (m)	['galu]
farsi un livido	**machucar-se** (vr)	[maʃu'karsi]
contusione (f)	**contusão** (f)	[kõtu'zãw]
farsi male	**machucar-se** (vr)	[maʃu'karsi]
zoppicare (vi)	**mancar** (vi)	[mã'kar]
slogatura (f)	**deslocamento** (f)	[dʒizloka'mẽtu]
slogarsi (vr)	**deslocar** (vt)	[dʒizlo'kar]
frattura (f)	**fratura** (f)	[fra'tura]
fratturarsi (vr)	**fraturar** (vt)	[fratu'rar]
taglio (m)	**corte** (m)	['kɔrtʃi]
tagliarsi (vr)	**cortar-se** (vr)	[kor'tarsi]

emorragia (f)	**hemorragia** (f)	[emoha'ʒia]
scottatura (f)	**queimadura** (f)	[kejma'dura]
scottarsi (vr)	**queimar-se** (vr)	[kej'marsi]
pungere (vt)	**picar** (vt)	[pi'kar]
pungersi (vr)	**picar-se** (vr)	[pi'karsi]
ferire (vt)	**lesionar** (vt)	[lezjo'nar]
ferita (f)	**lesão** (m)	[le'zãw]
lesione (f)	**ferida** (f), **ferimento** (m)	[fe'rida], [feri'mẽtu]
trauma (m)	**trauma** (m)	['trawma]
delirare (vi)	**delirar** (vi)	[deli'rar]
tartagliare (vi)	**gaguejar** (vi)	[gage'ʒar]
colpo (m) di sole	**insolação** (f)	[insola'sãw]

65. Sintomi. Cure. Parte 2

dolore (m), male (m)	**dor** (f)	[dor]
scheggia (f)	**farpa** (f)	['farpa]
sudore (m)	**suor** (m)	[swɔr]
sudare (vi)	**suar** (vi)	[swar]
vomito (m)	**vômito** (m)	['vomitu]
convulsioni (f pl)	**convulsões** (f pl)	[kõvuw'sõjs]
incinta (agg)	**grávida**	['gravida]
nascere (vi)	**nascer** (vi)	[na'ser]
parto (m)	**parto** (m)	['partu]
essere in travaglio di parto	**dar à luz**	[dar a luz]
aborto (m)	**aborto** (m)	[a'bortu]
respirazione (f)	**respiração** (f)	[hespira'sãw]
inspirazione (f)	**inspiração** (f)	[ĩspira'sãw]
espirazione (f)	**expiração** (f)	[ispira'sãw]
espirare (vi)	**expirar** (vi)	[ispi'rar]
inspirare (vi)	**inspirar** (vi)	[ĩspi'rar]
invalido (m)	**inválido** (m)	[ĩ'validu]
storpio (m)	**aleijado** (m)	[alej'ʒadu]
drogato (m)	**drogado** (m)	[dro'gadu]
sordo (agg)	**surdo**	['surdu]
muto (agg)	**mudo**	['mudu]
sordomuto (agg)	**surdo-mudo**	['surdu-'mudu]
matto (agg)	**louco, insano**	['loku], [ĩ'sanu]
matto (m)	**louco** (m)	['loku]
matta (f)	**louca** (f)	['loka]
impazzire (vi)	**ficar louco**	[fi'kar 'loku]
gene (m)	**gene** (m)	['ʒɛni]
immunità (f)	**imunidade** (f)	[imuni'dadʒi]
ereditario (agg)	**hereditário**	[eredʒi'tarju]
innato (agg)	**congênito**	[kõ'ʒenitu]

virus (m)	**vírus** (m)	['virus]
microbo (m)	**micróbio** (m)	[mi'krɔbju]
batterio (m)	**bactéria** (f)	[bak'tɛrja]
infezione (f)	**infecção** (f)	[ĩfek'sãw]

66. Sintomi. Cure. Parte 3

ospedale (m)	**hospital** (m)	[ospi'taw]
paziente (m)	**paciente** (m)	[pa'sjẽtʃi]
diagnosi (f)	**diagnóstico** (m)	[dʒjag'nɔstʃiku]
cura (f)	**cura** (f)	['kura]
trattamento (m)	**tratamento** (m) **médico**	[trata'mẽtu 'mɛdʒiku]
curarsi (vr)	**curar-se** (vr)	[ku'rarsi]
curare (vt)	**tratar** (vt)	[tra'tar]
accudire (un malato)	**cuidar** (vt)	[kwi'dar]
assistenza (f)	**cuidado** (m)	[kwi'dadu]
operazione (f)	**operação** (f)	[opera'sãw]
bendare (vt)	**enfaixar** (vt)	[ẽfaj'ʃar]
fasciatura (f)	**enfaixamento** (m)	[bã'daʒãj]
vaccinazione (f)	**vacinação** (f)	[vasina'sãw]
vaccinare (vt)	**vacinar** (vt)	[vasi'nar]
iniezione (f)	**injeção** (f)	[inʒe'sãw]
fare una puntura	**dar uma injeção**	[dar 'uma inʒe'sãw]
attacco (m) (~ epilettico)	**ataque** (m)	[a'taki]
amputazione (f)	**amputação** (f)	[ãputa'sãw]
amputare (vt)	**amputar** (vt)	[ãpu'tar]
coma (m)	**coma** (f)	['kɔma]
essere in coma	**estar em coma**	[is'tar ẽ 'kɔma]
rianimazione (f)	**reanimação** (f)	[hianima'sãw]
guarire (vi)	**recuperar-se** (vr)	[hekupe'rarsi]
stato (f) (del paziente)	**estado** (m)	[i'stadu]
conoscenza (f)	**consciência** (f)	[kõ'sjẽsja]
memoria (f)	**memória** (f)	[me'mɔrja]
estrarre (~ un dente)	**tirar** (vt)	[tʃi'rar]
otturazione (f)	**obturação** (f)	[obitura'sãw]
otturare (vt)	**obturar** (vt)	[obitu'rar]
ipnosi (f)	**hipnose** (f)	[ip'nɔzi]
ipnotizzare (vt)	**hipnotizar** (vt)	[ipnotʃi'zar]

67. Medicinali. Farmaci. Accessori

medicina (f)	**medicamento** (m)	[medʒika'mẽtu]
rimedio (m)	**remédio** (m)	[he'mɛdʒju]
prescrivere (vt)	**receitar** (vt)	[hesej'tar]
prescrizione (f)	**receita** (f)	[he'sejta]

compressa (f)	**comprimido** (m)	[kõpri'midu]
unguento (m)	**unguento** (m)	[ũ'gwẽtu]
fiala (f)	**ampola** (f)	[ã'pɔla]
pozione (f)	**solução, preparado** (m)	[solu'sãw], [prepa'radu]
sciroppo (m)	**xarope** (m)	[ʃa'rɔpi]
pillola (f)	**cápsula** (f)	['kapsula]
polverina (f)	**pó** (m)	[pɔ]
benda (f)	**atadura** (f)	[ata'dura]
ovatta (f)	**algodão** (m)	[awgo'dãw]
iodio (m)	**iodo** (m)	['jodu]
cerotto (m)	**curativo** (m) **adesivo**	[kura'tivu ade'zivu]
contagocce (m)	**conta-gotas** (m)	['kõta 'gotas]
termometro (m)	**termômetro** (m)	[ter'mometru]
siringa (f)	**seringa** (f)	[se'rĩga]
sedia (f) a rotelle	**cadeira** (f) **de rodas**	[ka'dejra de 'hɔdas]
stampelle (f pl)	**muletas** (f pl)	[mu'letas]
analgesico (m)	**analgésico** (m)	[anaw'ʒɛziku]
lassativo (m)	**laxante** (m)	[la'ʃãtʃi]
alcol (m)	**álcool** (m)	['awkɔw]
erba (f) officinale	**ervas** (f pl) **medicinais**	['ɛrvas medʒisi'najs]
d'erbe (infuso ~)	**de ervas**	[de 'ɛrvas]

APPARTAMENTO

68. Appartamento

appartamento (m)	**apartamento** (m)	[aparta'mẽtu]
camera (f), stanza (f)	**quarto, cômodo** (m)	['kwartu], ['komodu]
camera (f) da letto	**quarto** (m) **de dormir**	['kwartu de dor'mir]
sala (f) da pranzo	**sala** (f) **de jantar**	['sala de ʒã'tar]
salotto (m)	**sala** (f) **de estar**	['sala de is'tar]
studio (m)	**escritório** (m)	[iskri'tɔrju]
ingresso (m)	**sala** (f) **de entrada**	['sala de ẽ'trada]
bagno (m)	**banheiro** (m)	[ba'ɲejru]
gabinetto (m)	**lavabo** (m)	[la'vabu]
soffitto (m)	**teto** (m)	['tɛtu]
pavimento (m)	**chão, piso** (m)	['ʃãw], ['pizu]
angolo (m)	**canto** (m)	['kãtu]

69. Arredamento. Interno

mobili (m pl)	**mobiliário** (m)	[mobi'ljarju]
tavolo (m)	**mesa** (f)	['meza]
sedia (f)	**cadeira** (f)	[ka'dejra]
letto (m)	**cama** (f)	['kama]
divano (m)	**sofá, divã** (m)	[so'fa], [dʒi'vã]
poltrona (f)	**poltrona** (f)	[pow'trɔna]
libreria (f)	**estante** (f)	[is'tãtʃi]
ripiano (m)	**prateleira** (f)	[prate'lejra]
armadio (m)	**guarda-roupas** (m)	['gwarda 'hopa]
attaccapanni (m) da parete	**cabide** (m) **de parede**	[ka'bidʒi de pa'redʒi]
appendiabiti (m) da terra	**cabideiro** (m) **de pé**	[kabi'dejru de pɛ]
comò (m)	**cômoda** (f)	['komoda]
tavolino (m) da salotto	**mesinha** (f) **de centro**	[me'ziɲa de 'sẽtru]
specchio (m)	**espelho** (m)	[is'peʎu]
tappeto (m)	**tapete** (m)	[ta'petʃi]
tappetino (m)	**tapete** (m)	[ta'petʃi]
camino (m)	**lareira** (f)	[la'rejra]
candela (f)	**vela** (f)	['vɛla]
candeliere (m)	**castiçal** (m)	[kastʃi'saw]
tende (f pl)	**cortinas** (f pl)	[kor'tʃinas]
carta (f) da parati	**papel** (m) **de parede**	[pa'pɛw de pa'redʒi]

tende (f pl) alla veneziana	**persianas** (f pl)	[per'sjanas]
lampada (f) da tavolo	**luminária** (f) **de mesa**	[lumi'narja de 'meza]
lampada (f) da parete	**luminária** (f) **de parede**	[lumi'narja de pa'redʒi]
lampada (f) a stelo	**abajur** (m) **de pé**	[aba'ʒur de 'pɛ]
lampadario (m)	**lustre** (m)	['lustri]
gamba (f)	**pé** (m)	[pɛ]
bracciolo (m)	**braço, descanso** (m)	['brasu], [dʒis'kãsu]
spalliera (f)	**costas** (f pl)	['kɔstas]
cassetto (m)	**gaveta** (f)	[ga'veta]

70. Biancheria da letto

biancheria (f) da letto	**roupa** (f) **de cama**	['hopa de 'kama]
cuscino (m)	**travesseiro** (m)	[trave'sejru]
federa (f)	**fronha** (f)	['froɲa]
coperta (f)	**cobertor** (m)	[kuber'tor]
lenzuolo (m)	**lençol** (m)	[lẽ'sɔw]
copriletto (m)	**colcha** (f)	['kowʃa]

71. Cucina

cucina (f)	**cozinha** (f)	[ko'ziɲa]
gas (m)	**gás** (m)	[gajs]
fornello (m) a gas	**fogão** (m) **a gás**	[fo'gãw a gajs]
fornello (m) elettrico	**fogão** (m) **elétrico**	[fo'gãw e'lɛtriku]
forno (m)	**forno** (m)	['fornu]
forno (m) a microonde	**forno** (m) **de micro-ondas**	['fornu de mikro'õdas]
frigorifero (m)	**geladeira** (f)	[ʒela'dejra]
congelatore (m)	**congelador** (m)	[kõʒela'dor]
lavastoviglie (f)	**máquina** (f) **de lavar louça**	['makina de la'var 'losa]
tritacarne (m)	**moedor** (m) **de carne**	[moe'dor de 'karni]
spremifrutta (m)	**espremedor** (m)	[ispreme'dor]
tostapane (m)	**torradeira** (f)	[toha'dejra]
mixer (m)	**batedeira** (f)	[bate'dejra]
macchina (f) da caffè	**máquina** (f) **de café**	['makina de ka'fɛ]
caffettiera (f)	**cafeteira** (f)	[kafe'tejra]
macinacaffè (m)	**moedor** (m) **de café**	[moe'dor de ka'fɛ]
bollitore (m)	**chaleira** (f)	[ʃa'lejra]
teiera (f)	**bule** (m)	['buli]
coperchio (m)	**tampa** (f)	['tãpa]
colino (m) da tè	**coador** (m) **de chá**	[koa'dor de ʃa]
cucchiaio (m)	**colher** (f)	[ko'ʎer]
cucchiaino (m) da tè	**colher** (f) **de chá**	[ko'ʎer de ʃa]
cucchiaio (m)	**colher** (f) **de sopa**	[ko'ʎer de 'sopa]
forchetta (f)	**garfo** (m)	['garfu]
coltello (m)	**faca** (f)	['faka]

stoviglie (f pl)	**louça** (f)	['losa]
piatto (m)	**prato** (m)	['pratu]
piattino (m)	**pires** (m)	['piris]
cicchetto (m)	**cálice** (m)	['kalisi]
bicchiere (m) (~ d'acqua)	**copo** (m)	['kɔpu]
tazzina (f)	**xícara** (f)	['ʃikara]
zuccheriera (f)	**açucareiro** (m)	[asuka'rejru]
saliera (f)	**saleiro** (m)	[sa'lejru]
pepiera (f)	**pimenteiro** (m)	[pimẽ'tejru]
burriera (f)	**manteigueira** (f)	[mãtej'gejra]
pentola (f)	**panela** (f)	[pa'nɛla]
padella (f)	**frigideira** (f)	[friʒi'dejra]
mestolo (m)	**concha** (f)	['kõʃa]
colapasta (m)	**coador** (m)	[koa'dor]
vassoio (m)	**bandeja** (f)	[bã'deʒa]
bottiglia (f)	**garrafa** (f)	[ga'hafa]
barattolo (m) di vetro	**pote** (m) **de vidro**	['pɔtʃi de 'vidru]
latta, lattina (f)	**lata** (f)	['lata]
apribottiglie (m)	**abridor** (m) **de garrafa**	[abri'dor de ga'hafa]
apriscatole (m)	**abridor** (m) **de latas**	[abri'dor de 'latas]
cavatappi (m)	**saca-rolhas** (m)	['saka-'hoʎas]
filtro (m)	**filtro** (m)	['fiwtru]
filtrare (vt)	**filtrar** (vt)	[fiw'trar]
spazzatura (f)	**lixo** (m)	['liʃu]
pattumiera (f)	**lixeira** (f)	[li'ʃejra]

72. Bagno

bagno (m)	**banheiro** (m)	[ba'ɲejru]
acqua (f)	**água** (f)	['agwa]
rubinetto (m)	**torneira** (f)	[tor'nejra]
acqua (f) calda	**água** (f) **quente**	['agwa 'kẽtʃi]
acqua (f) fredda	**água** (f) **fria**	['agwa 'fria]
dentifricio (m)	**pasta** (f) **de dente**	['pasta de 'dẽtʃi]
lavarsi i denti	**escovar os dentes**	[isko'var us 'dẽtʃis]
spazzolino (m) da denti	**escova** (f) **de dente**	[is'kova de 'dẽtʃi]
rasarsi (vr)	**barbear-se** (vr)	[bar'bjarsi]
schiuma (f) da barba	**espuma** (f) **de barbear**	[is'puma de bar'bjar]
rasoio (m)	**gilete** (f)	[ʒi'lɛtʃi]
lavare (vt)	**lavar** (vt)	[la'var]
fare un bagno	**tomar banho**	[to'mar baɲu]
doccia (f)	**chuveiro** (m), **ducha** (f)	[ʃu'vejru], ['duʃa]
fare una doccia	**tomar uma ducha**	[to'mar 'uma 'duʃa]
vasca (f) da bagno	**banheira** (f)	[ba'ɲejra]
water (m)	**vaso** (m) **sanitário**	['vazu sani'tarju]

lavandino (m)	**pia** (f)	['pia]
sapone (m)	**sabonete** (m)	[sabo'netʃi]
porta (m) sapone	**saboneteira** (f)	[sabone'tejra]
spugna (f)	**esponja** (f)	[is'põʒa]
shampoo (m)	**xampu** (m)	[ʃã'pu]
asciugamano (m)	**toalha** (f)	[to'aʎa]
accappatoio (m)	**roupão** (m) **de banho**	[ho'pãw de 'baɲu]
bucato (m)	**lavagem** (f)	[la'vaʒẽ]
lavatrice (f)	**lavadora** (f) **de roupas**	[lava'dora de 'hopas]
fare il bucato	**lavar a roupa**	[la'var a 'hopa]
detersivo (m) per il bucato	**detergente** (m)	[deter'ʒẽtʃi]

73. Elettrodomestici

televisore (m)	**televisor** (m)	[televi'zor]
registratore (m) a nastro	**gravador** (m)	[grava'dor]
videoregistratore (m)	**videogravador** (m)	['vidʒju·grava'dor]
radio (f)	**rádio** (m)	['hadʒju]
lettore (m)	**leitor** (m)	[lej'tor]
videoproiettore (m)	**projetor** (m)	[proʒe'tor]
home cinema (m)	**cinema** (m) **em casa**	[si'nɛma ẽ 'kaza]
lettore (m) DVD	**DVD Player** (m)	[deve'de 'plejer]
amplificatore (m)	**amplificador** (m)	[ãplifika'dor]
console (f) video giochi	**console** (f) **de jogos**	[kõ'sɔli de 'ʒogus]
videocamera (f)	**câmera** (f) **de vídeo**	['kamera de 'vidʒju]
macchina (f) fotografica	**máquina** (f) **fotográfica**	['makina foto'grafika]
fotocamera (f) digitale	**câmera** (f) **digital**	['kamera dʒiʒi'taw]
aspirapolvere (m)	**aspirador** (m)	[aspira'dor]
ferro (m) da stiro	**ferro** (m) **de passar**	['fɛhu de pa'sar]
asse (f) da stiro	**tábua** (f) **de passar**	['tabwa de pa'sar]
telefono (m)	**telefone** (m)	[tele'fɔni]
telefonino (m)	**celular** (m)	[selu'lar]
macchina (f) da scrivere	**máquina** (f) **de escrever**	['makina de iskre'ver]
macchina (f) da cucire	**máquina** (f) **de costura**	['makina de kos'tura]
microfono (m)	**microfone** (m)	[mikro'fɔni]
cuffia (f)	**fone** (m) **de ouvido**	['fɔni de o'vidu]
telecomando (m)	**controle remoto** (m)	[kõ'troli he'mɔtu]
CD (m)	**CD** (m)	['sede]
cassetta (f)	**fita** (f) **cassete**	['fita ka'sɛtʃi]
disco (m) (vinile)	**disco** (m) **de vinil**	['dʒisku de vi'niw]

LA TERRA. TEMPO

74. L'Universo

cosmo (m)	**espaço, cosmo** (m)	[is'pasu], ['kɔzmu]
cosmico, spaziale (agg)	**espacial, cósmico**	[ispa'sjaw], ['kɔzmiku]
spazio (m) cosmico	**espaço** (m) **cósmico**	[is'pasu 'kɔzmiku]
mondo (m)	**mundo** (m)	['mũdu]
universo (m)	**universo** (m)	[uni'vɛrsu]
galassia (f)	**galáxia** (f)	[ga'laksja]
stella (f)	**estrela** (f)	[is'trela]
costellazione (f)	**constelação** (f)	[kõstela'sãw]
pianeta (m)	**planeta** (m)	[pla'neta]
satellite (m)	**satélite** (m)	[sa'tɛlitʃi]
meteorite (m)	**meteorito** (m)	[meteo'ritu]
cometa (f)	**cometa** (m)	[ko'meta]
asteroide (m)	**asteroide** (m)	[aste'rɔjdʒi]
orbita (f)	**órbita** (f)	['ɔrbita]
ruotare (vi)	**girar** (vi)	[ʒi'rar]
atmosfera (f)	**atmosfera** (f)	[atmos'fɛra]
il Sole	**Sol** (m)	[sɔw]
sistema (m) solare	**Sistema** (m) **Solar**	[sis'tɛma so'lar]
eclisse (f) solare	**eclipse** (m) **solar**	[e'klipsi so'lar]
la Terra	**Terra** (f)	['tɛha]
la Luna	**Lua** (f)	['lua]
Marte (m)	**Marte** (m)	['martʃi]
Venere (f)	**Vênus** (f)	['venus]
Giove (m)	**Júpiter** (m)	['ʒupiter]
Saturno (m)	**Saturno** (m)	[sa'turnu]
Mercurio (m)	**Mercúrio** (m)	[mer'kurju]
Urano (m)	**Urano** (m)	[u'ranu]
Nettuno (m)	**Netuno** (m)	[ne'tunu]
Plutone (m)	**Plutão** (m)	[plu'tãw]
Via (f) Lattea	**Via Láctea** (f)	['via 'laktja]
Orsa (f) Maggiore	**Ursa Maior** (f)	[ursa ma'jɔr]
Stella (f) Polare	**Estrela Polar** (f)	[is'trela po'lar]
marziano (m)	**marciano** (m)	[mar'sjanu]
extraterrestre (m)	**extraterrestre** (m)	[estrate'hɛstri]
alieno (m)	**alienígena** (m)	[alje'niʒena]

disco (m) volante	**disco** (m) **voador**	['dʒisku vwa'dor]
nave (f) spaziale	**nave** (f) **espacial**	['navi ispa'sjaw]
stazione (f) spaziale	**estação** (f) **orbital**	[eʃta'sãw orbi'taw]
lancio (m)	**lançamento** (m)	[lãsa'mẽtu]
motore (m)	**motor** (m)	[mo'tor]
ugello (m)	**bocal** (m)	[bo'kaw]
combustibile (m)	**combustível** (m)	[kõbus'tʃivew]
cabina (f) di pilotaggio	**cabine** (f)	[ka'bini]
antenna (f)	**antena** (f)	[ã'tɛna]
oblò (m)	**vigia** (f)	[vi'ʒia]
batteria (f) solare	**bateria** (f) **solar**	[bate'ria so'lar]
scafandro (m)	**traje** (m) **espacial**	['traʒi ispa'sjaw]
imponderabilità (f)	**imponderabilidade** (f)	[ĩpõderabili'dadʒi]
ossigeno (m)	**oxigênio** (m)	[oksi'ʒenju]
aggancio (m)	**acoplagem** (f)	[ako'plaʒẽ]
agganciarsi (vr)	**fazer uma acoplagem**	[fa'zer 'uma ako'plaʒẽ]
osservatorio (m)	**observatório** (m)	[observa'tɔrju]
telescopio (m)	**telescópio** (m)	[tele'skɔpju]
osservare (vt)	**observar** (vt)	[obser'var]
esplorare (vt)	**explorar** (vt)	[isplo'rar]

75. La Terra

la Terra	**Terra** (f)	['tɛha]
globo (m) terrestre	**globo** (m) **terrestre**	['globu te'hɛstri]
pianeta (m)	**planeta** (m)	[pla'neta]
atmosfera (f)	**atmosfera** (f)	[atmos'fɛra]
geografia (f)	**geografia** (f)	[ʒeogra'fia]
natura (f)	**natureza** (f)	[natu'reza]
mappamondo (m)	**globo** (m)	['globu]
carta (f) geografica	**mapa** (m)	['mapa]
atlante (m)	**atlas** (m)	['atlas]
Europa (f)	**Europa** (f)	[ew'rɔpa]
Asia (f)	**Ásia** (f)	['azja]
Africa (f)	**África** (f)	['afrika]
Australia (f)	**Austrália** (f)	[aws'tralja]
America (f)	**América** (f)	[a'mɛrika]
America (f) del Nord	**América** (f) **do Norte**	[a'mɛrika du 'nɔrtʃi]
America (f) del Sud	**América** (f) **do Sul**	[a'mɛrika du suw]
Antartide (f)	**Antártida** (f)	[ã'tartʃida]
Artico (m)	**Ártico** (m)	['artʃiku]

76. Punti cardinali

nord (m)	**norte** (m)	['nɔrtʃi]
a nord	**para norte**	['para 'nɔrtʃi]
al nord	**no norte**	[nu 'nɔrtʃi]
del nord (agg)	**do norte**	[du 'nɔrtʃi]
sud (m)	**sul** (m)	[suw]
a sud	**para sul**	['para suw]
al sud	**no sul**	[nu suw]
del sud (agg)	**do sul**	[du suw]
ovest (m)	**oeste, ocidente** (m)	['wɛstʃi], [osi'dẽtʃi]
a ovest	**para oeste**	['para 'wɛstʃi]
all'ovest	**no oeste**	[nu 'wɛstʃi]
dell'ovest, occidentale	**ocidental**	[osidẽ'taw]
est (m)	**leste, oriente** (m)	['lɛstʃi], [o'rjẽtʃi]
a est	**para leste**	['para 'lɛstʃi]
all'est	**no leste**	[nu 'lɛstʃi]
dell'est, orientale	**oriental**	[orjẽ'taw]

77. Mare. Oceano

mare (m)	**mar** (m)	[mah]
oceano (m)	**oceano** (m)	[o'sjanu]
golfo (m)	**golfo** (m)	['gowfu]
stretto (m)	**estreito** (m)	[is'trejtu]
terra (f) (terra firma)	**terra** (f) **firme**	['tɛha 'firmi]
continente (m)	**continente** (m)	[kõtʃi'nẽtʃi]
isola (f)	**ilha** (f)	['iʎa]
penisola (f)	**península** (f)	[pe'nĩsula]
arcipelago (m)	**arquipélago** (m)	[arki'pɛlagu]
baia (f)	**baía** (f)	[ba'ia]
porto (m)	**porto** (m)	['portu]
laguna (f)	**lagoa** (f)	[la'goa]
capo (m)	**cabo** (m)	['kabu]
atollo (m)	**atol** (m)	[a'tɔw]
scogliera (f)	**recife** (m)	[he'sifi]
corallo (m)	**coral** (m)	[ko'raw]
barriera (f) corallina	**recife** (m) **de coral**	[he'sifi de ko'raw]
profondo (agg)	**profundo**	[pro'fũdu]
profondità (f)	**profundidade** (f)	[profũdʒi'dadʒi]
abisso (m)	**abismo** (m)	[a'bizmu]
fossa (f) (~ delle Marianne)	**fossa** (f) **oceânica**	['fɔsa o'sjanika]
corrente (f)	**corrente** (f)	[ko'hẽtʃi]
circondare (vt)	**banhar** (vt)	[ba'ɲar]
litorale (m)	**litoral** (m)	lito'raw]

costa (f)	**costa** (f)	['kɔsta]
alta marea (f)	**maré** (f) **alta**	[ma'rɛ 'awta]
bassa marea (f)	**refluxo** (m)	[he'fluksu]
banco (m) di sabbia	**restinga** (f)	[hes'tʃĩga]
fondo (m)	**fundo** (m)	['fũdu]
onda (f)	**onda** (f)	['õda]
cresta (f) dell'onda	**crista** (f) **da onda**	['krista da 'õda]
schiuma (f)	**espuma** (f)	[is'puma]
tempesta (f)	**tempestade** (f)	[tẽpes'tadʒi]
uragano (m)	**furacão** (m)	[fura'kãw]
tsunami (m)	**tsunami** (m)	[tsu'nami]
bonaccia (f)	**calmaria** (f)	[kawma'ria]
tranquillo (agg)	**calmo**	['kawmu]
polo (m)	**polo** (m)	['pɔlu]
polare (agg)	**polar**	[po'lar]
latitudine (f)	**latitude** (f)	[latʃi'tudʒi]
longitudine (f)	**longitude** (f)	[lõʒi'tudʒi]
parallelo (m)	**paralela** (f)	[para'lɛla]
equatore (m)	**equador** (m)	[ekwa'dor]
cielo (m)	**céu** (m)	[sɛw]
orizzonte (m)	**horizonte** (m)	[ori'zõtʃi]
aria (f)	**ar** (m)	[ar]
faro (m)	**farol** (m)	[fa'rɔw]
tuffarsi (vr)	**mergulhar** (vi)	[mergu'ʎar]
affondare (andare a fondo)	**afundar-se** (vr)	[afũ'darse]
tesori (m)	**tesouros** (m pl)	[te'zorus]

78. Nomi dei mari e degli oceani

Oceano (m) Atlantico	**Oceano** (m) **Atlântico**	[o'sjanu at'lãtʃiku]
Oceano (m) Indiano	**Oceano** (m) **Índico**	[o'sjanu 'ĩdiku]
Oceano (m) Pacifico	**Oceano** (m) **Pacífico**	[o'sjanu pa'sifiku]
mar (m) Glaciale Artico	**Oceano** (m) **Ártico**	[o'sjanu 'artʃiku]
mar (m) Nero	**Mar** (m) **Negro**	[mah 'negru]
mar (m) Rosso	**Mar** (m) **Vermelho**	[mah ver'meʎu]
mar (m) Giallo	**Mar** (m) **Amarelo**	[mah ama'rɛlu]
mar (m) Bianco	**Mar** (m) **Branco**	[mah 'brãku]
mar (m) Caspio	**Mar** (m) **Cáspio**	[mah 'kaspju]
mar (m) Morto	**Mar** (m) **Morto**	[mah 'mortu]
mar (m) Mediterraneo	**Mar** (m) **Mediterrâneo**	[mah medʒite'hanju]
mar (m) Egeo	**Mar** (m) **Egeu**	[mah e'ʒew]
mar (m) Adriatico	**Mar** (m) **Adriático**	[mah a'drjatʃiku]
mar (m) Arabico	**Mar** (m) **Arábico**	[mah a'rabiku]
mar (m) del Giappone	**Mar** (m) **do Japão**	[mah du ʒa'pãw]

mare (m) di Bering	**Mar** (m) **de Bering**	[mah de berĩgi]
mar (m) Cinese meridionale	**Mar** (m) **da China Meridional**	[mah da 'ʃina meriʤjo'naw]
mar (m) dei Coralli	**Mar** (m) **de Coral**	[mah de ko'raw]
mar (m) di Tasman	**Mar** (m) **de Tasman**	[mah de tazman]
mar (m) dei Caraibi	**Mar** (m) **do Caribe**	[mah du ka'ribi]
mare (m) di Barents	**Mar** (m) **de Barents**	[mah de barẽts]
mare (m) di Kara	**Mar** (m) **de Kara**	[mah de 'kara]
mare (m) del Nord	**Mar** (m) **do Norte**	[mah du 'nɔrtʃi]
mar (m) Baltico	**Mar** (m) **Báltico**	[mah 'bawtʃiku]
mare (m) di Norvegia	**Mar** (m) **da Noruega**	[mah da nor'wɛga]

79. Montagne

monte (m), montagna (f)	**montanha** (f)	[mõ'taɲa]
catena (f) montuosa	**cordilheira** (f)	[korʤi'ʎejra]
crinale (m)	**serra** (f)	['sɛha]
cima (f)	**cume** (m)	['kumi]
picco (m)	**pico** (m)	['piku]
piedi (m pl)	**pé** (m)	[pɛ]
pendio (m)	**declive** (m)	[de'klivi]
vulcano (m)	**vulcão** (m)	[vuw'kãw]
vulcano (m) attivo	**vulcão** (m) **ativo**	[vuw'kãw a'tʃivu]
vulcano (m) inattivo	**vulcão** (m) **extinto**	[vuw'kãw is'tʃĩtu]
eruzione (f)	**erupção** (f)	[erup'sãw]
cratere (m)	**cratera** (f)	[kra'tɛra]
magma (m)	**magma** (m)	['magma]
lava (f)	**lava** (f)	['lava]
fuso (lava ~a)	**fundido**	[fũ'ʤidu]
canyon (m)	**cânion, desfiladeiro** (m)	['kanjon], [ʤisfila'dejru]
gola (f)	**garganta** (f)	[gar'gãta]
crepaccio (m)	**fenda** (f)	['fẽda]
precipizio (m)	**precipício** (m)	[presi'pisju]
passo (m), valico (m)	**passo, colo** (m)	['pasu], ['kɔlu]
altopiano (m)	**planalto** (m)	[pla'nawtu]
falesia (f)	**falésia** (f)	[fa'lɛzja]
collina (f)	**colina** (f)	[ko'lina]
ghiacciaio (m)	**geleira** (f)	[ʒe'lejra]
cascata (f)	**cachoeira** (f)	[kaʃ'wejra]
geyser (m)	**gêiser** (m)	['ʒɛjzer]
lago (m)	**lago** (m)	['lagu]
pianura (f)	**planície** (f)	[pla'nisi]
paesaggio (m)	**paisagem** (f)	[paj'zaʒẽ]
eco (f)	**eco** (m)	['ɛku]
alpinista (m)	**alpinista** (m)	[awpi'nista]

scalatore (m)	**escalador** (m)	[iskala'dor]
conquistare (~ una cima)	**conquistar** (vt)	[kõkis'tar]
scalata (f)	**subida, escalada** (f)	[su'bida], [iska'lada]

80. Nomi delle montagne

Alpi (f pl)	**Alpes** (m pl)	['awpis]
Monte (m) Bianco	**Monte Branco** (m)	['mõtʃi 'brãku]
Pirenei (m pl)	**Pirineus** (m pl)	[piri'news]
Carpazi (m pl)	**Cárpatos** (m pl)	['karpatus]
gli Urali (m pl)	**Urais** (m pl)	[u'rajs]
Caucaso (m)	**Cáucaso** (m)	['kawkazu]
Monte (m) Elbrus	**Elbrus** (m)	[el'brus]
Monti (m pl) Altai	**Altai** (m)	[al'taj]
Tien Shan (m)	**Tian Shan** (m)	[tjan ʃan]
Pamir (m)	**Pamir** (m)	[pa'mir]
Himalaia (m)	**Himalaia** (m)	[ima'laja]
Everest (m)	**monte Everest** (m)	['mõtʃi eve'rest]
Ande (f pl)	**Cordilheira** (f) **dos Andes**	[kordʒi'ʎejra dus 'ãdʒis]
Kilimangiaro (m)	**Kilimanjaro** (m)	[kilimã'ʒaru]

81. Fiumi

fiume (m)	**rio** (m)	['hiu]
fonte (f) (sorgente)	**fonte, nascente** (f)	['fõtʃi], [na'sẽtʃi]
letto (m) (~ del fiume)	**leito** (m) **de rio**	['lejtu de 'hiu]
bacino (m)	**bacia** (f)	[ba'sia]
sfociare nel ...	**desaguar no ...**	[dʒiza'gwar nu]
affluente (m)	**afluente** (m)	[a'flwẽtʃi]
riva (f)	**margem** (f)	['marʒẽ]
corrente (f)	**corrente** (f)	[ko'hẽtʃi]
a valle	**rio abaixo**	['hiu a'baɪʃu]
a monte	**rio acima**	['hiu a'sima]
inondazione (f)	**inundação** (f)	[ĩtrodu'sãw]
piena (f)	**cheia** (f)	['ʃeja]
straripare (vi)	**transbordar** (vi)	[trãzbor'dar]
inondare (vt)	**inundar** (vt)	[inũ'dar]
secca (f)	**banco** (m) **de areia**	['bãku de a'reja]
rapida (f)	**corredeira** (f)	[kohe'dejra]
diga (f)	**barragem** (f)	[ba'haʒẽ]
canale (m)	**canal** (m)	[ka'naw]
bacino (m) di riserva	**reservatório** (m) **de água**	[hezerva'tɔrju de 'agwa]
chiusa (f)	**eclusa** (f)	[e'kluza]
specchio (m) d'acqua	**corpo** (m) **de água**	['korpu de 'agwa]

palude (f)	**pântano** (m)	['pãtanu]
pantano (m)	**lamaçal** (m)	[lama'saw]
vortice (m)	**rodamoinho** (m)	[hodamo'iɲu]
ruscello (m)	**riacho** (m)	['hjaʃu]
potabile (agg)	**potável**	[po'tavew]
dolce (di acqua ~)	**doce**	['dosi]
ghiaccio (m)	**gelo** (m)	['ʒelu]
ghiacciarsi (vr)	**congelar-se** (vr)	[kõʒe'larsi]

82. Nomi dei fiumi

Senna (f)	**rio Sena** (m)	['hiu 'sɛna]
Loira (f)	**rio Loire** (m)	['hiu lu'ar]
Tamigi (m)	**rio Tâmisa** (m)	['hiu 'tamiza]
Reno (m)	**rio Reno** (m)	['hiu 'henu]
Danubio (m)	**rio Danúbio** (m)	['hiu da'nubju]
Volga (m)	**rio Volga** (m)	['hiu 'vɔlga]
Don (m)	**rio Don** (m)	['hiu dɔn]
Lena (f)	**rio Lena** (m)	['hiu 'lena]
Fiume (m) Giallo	**rio Amarelo** (m)	['hiu ama'rɛlu]
Fiume (m) Azzurro	**rio Yangtzé** (m)	['hiu jã'gtzɛ]
Mekong (m)	**rio Mekong** (m)	['hiu mi'kõg]
Gange (m)	**rio Ganges** (m)	['hiu 'gændʒi:z]
Nilo (m)	**rio Nilo** (m)	['hiu 'nilu]
Congo (m)	**rio Congo** (m)	['hiu 'kõgu]
Okavango	**rio Cubango** (m)	['hiu ku'bãgu]
Zambesi (m)	**rio Zambeze** (m)	['hiu zã'bezi]
Limpopo (m)	**rio Limpopo** (m)	['hiu lĩ'popu]
Mississippi (m)	**rio Mississippi** (m)	['hiu misi'sipi]

83. Foresta

foresta (f)	**floresta** (f), **bosque** (m)	[flo'rɛsta], ['bɔski]
forestale (agg)	**florestal**	[flores'taw]
foresta (f) fitta	**mata** (f) **fechada**	['mata fe'ʃada]
boschetto (m)	**arvoredo** (m)	[arvo'redu]
radura (f)	**clareira** (f)	[kla'rejra]
roveto (m)	**matagal** (m)	[mata'gaw]
boscaglia (f)	**mato** (m), **caatinga** (f)	['matu], [ka'tʃĩga]
sentiero (m)	**trilha, vereda** (f)	['triʎa], [ve'reda]
calanco (m)	**ravina** (f)	[ha'vina]
albero (m)	**árvore** (f)	['arvori]
foglia (f)	**folha** (f)	['foʎa]

fogliame (m)	**folhagem** (f)	[fo'ʎaʒẽ]
caduta (f) delle foglie	**queda** (f) **das folhas**	['kɛda das 'foʎas]
cadere (vi)	**cair** (vi)	[ka'ir]
cima (f)	**topo** (m)	['topu]
ramo (m), ramoscello (m)	**ramo** (m)	['hamu]
ramo (m)	**galho** (m)	['gaʎu]
gemma (f)	**botão** (m)	[bo'tãw]
ago (m)	**agulha** (f)	[a'guʎa]
pigna (f)	**pinha** (f)	['piɲa]
cavità (f)	**buraco** (m) **de árvore**	[bu'raku de 'arvori]
nido (m)	**ninho** (m)	['niɲu]
tana (f) (del fox, ecc.)	**toca** (f)	['tɔka]
tronco (m)	**tronco** (m)	['trõku]
radice (f)	**raiz** (f)	[ha'iz]
corteccia (f)	**casca** (f) **de árvore**	['kaska de 'arvori]
musco (m)	**musgo** (m)	['muzgu]
sradicare (vt)	**arrancar pela raiz**	[ahã'kar 'pɛla ha'iz]
abbattere (~ un albero)	**cortar** (vt)	[kor'tar]
disboscare (vt)	**desflorestar** (vt)	[ʤisflores'tar]
ceppo (m)	**toco, cepo** (m)	['toku], ['sepu]
falò (m)	**fogueira** (f)	[fo'gejra]
incendio (m) boschivo	**incêndio** (m) **florestal**	[ĩ'sẽʤju flores'taw]
spegnere (vt)	**apagar** (vt)	[apa'gar]
guardia (f) forestale	**guarda-parque** (m)	['gwarda 'parki]
protezione (f)	**proteção** (f)	[prote'sãw]
proteggere (~ la natura)	**proteger** (vt)	[prote'ʒer]
bracconiere (m)	**caçador** (m) **furtivo**	[kasa'dor fur'tʃivu]
tagliola (f) (~ per orsi)	**armadilha** (f)	arma'ʤiʎa]
raccogliere (vt)	**colher** (vt)	[ko'ʎer]
perdersi (vr)	**perder-se** (vr)	[per'dersi]

84. Risorse naturali

risorse (f pl) naturali	**recursos** (m pl) **naturais**	[he'kursus natu'rajs]
minerali (m pl)	**minerais** (m pl)	[mine'rajs]
deposito (m) (~ di carbone)	**depósitos** (m pl)	[de'pɔzitus]
giacimento (m) (~ petrolifero)	**jazida** (f)	[ʒa'zida]
estrarre (vt)	**extrair** (vt)	[istra'jir]
estrazione (f)	**extração** (f)	[istra'sãw]
minerale (m) grezzo	**minério** (m)	[mi'nɛrju]
miniera (f)	**mina** (f)	['mina]
pozzo (m) di miniera	**poço** (m) **de mina**	['posu de 'mina]
minatore (m)	**mineiro** (m)	[mi'nejru]
gas (m)	**gás** (m)	[gajs]
gasdotto (m)	**gasoduto** (m)	[gazo'dutu]

petrolio (m)	**petróleo** (m)	[pe'trɔlju]
oleodotto (m)	**oleoduto** (m)	[oljo'dutu]
torre (f) di estrazione	**poço** (m) **de petróleo**	['posu de pe'trɔlju]
torre (f) di trivellazione	**torre** (f) **petrolífera**	['tohi petro'lifera]
petroliera (f)	**petroleiro** (m)	[petro'lejru]
sabbia (f)	**areia** (f)	[a'reja]
calcare (m)	**calcário** (m)	[kaw'karju]
ghiaia (f)	**cascalho** (m)	[kas'kaʎu]
torba (f)	**turfa** (f)	['turfa]
argilla (f)	**argila** (f)	[ar'ʒila]
carbone (m)	**carvão** (m)	[kar'vãw]
ferro (m)	**ferro** (m)	['fɛhu]
oro (m)	**ouro** (m)	['oru]
argento (m)	**prata** (f)	['prata]
nichel (m)	**níquel** (m)	['nikew]
rame (m)	**cobre** (m)	['kɔbri]
zinco (m)	**zinco** (m)	['zĩku]
manganese (m)	**manganês** (m)	[mãga'nes]
mercurio (m)	**mercúrio** (m)	[mer'kurju]
piombo (m)	**chumbo** (m)	['ʃũbu]
minerale (m)	**mineral** (m)	[mine'raw]
cristallo (m)	**cristal** (m)	[kris'taw]
marmo (m)	**mármore** (m)	['marmori]
uranio (m)	**urânio** (m)	[u'ranju]

85. Tempo

tempo (m)	**tempo** (m)	['tẽpu]
previsione (f) del tempo	**previsão** (f) **do tempo**	[previ'zãw du 'tẽpu]
temperatura (f)	**temperatura** (f)	[tẽpera'tura]
termometro (m)	**termômetro** (m)	[ter'mometru]
barometro (m)	**barômetro** (m)	[ba'romɛtru]
umido (agg)	**úmido**	['umidu]
umidità (f)	**umidade** (f)	[umi'dadʒi]
caldo (m), afa (f)	**calor** (m)	[ka'lor]
molto caldo (agg)	**tórrido**	['tɔhidu]
fa molto caldo	**está muito calor**	[is'ta 'mwĩtu ka'lor]
fa caldo	**está calor**	[is'ta ka'lor]
caldo, mite (agg)	**quente**	['kẽtʃi]
fa freddo	**está frio**	[is'ta 'friu]
freddo (agg)	**frio**	['friu]
sole (m)	**sol** (m)	[sɔw]
splendere (vi)	**brilhar** (vi)	[bri'ʎar]
di sole (una giornata ~)	**de sol, ensolarado**	[de sɔw], [ẽsola'radu]
sorgere, levarsi (vr)	**nascer** (vi)	[na'ser]
tramontare (vi)	**pôr-se** (vr)	['porsi]

nuvola (f)	**nuvem** (f)	['nuvẽj]
nuvoloso (agg)	**nublado**	[nu'bladu]
nube (f) di pioggia	**nuvem** (f) **preta**	['nuvẽj 'preta]
nuvoloso (agg)	**escuro**	[is'kuru]
pioggia (f)	**chuva** (f)	['ʃuva]
piove	**está a chover**	[is'ta a ʃo'ver]
piovoso (agg)	**chuvoso**	[ʃu'vozu]
piovigginare (vi)	**chuviscar** (vi)	[ʃuvis'kar]
pioggia (f) torrenziale	**chuva** (f) **torrencial**	['ʃuva tohẽ'sjaw]
acquazzone (m)	**aguaceiro** (m)	[agwa'sejru]
forte (una ~ pioggia)	**forte**	['fɔrtʃi]
pozzanghera (f)	**poça** (f)	['posa]
bagnarsi (~ sotto la pioggia)	**molhar-se** (vr)	[mo'ʎarsi]
foschia (f), nebbia (f)	**nevoeiro** (m)	[nevo'ejru]
nebbioso (agg)	**de nevoeiro**	[de nevu'ejru]
neve (f)	**neve** (f)	['nɛvi]
nevica	**está nevando**	[is'ta ne'vãdu]

86. Rigide condizioni metereologiche. Disastri naturali

temporale (m)	**trovoada** (f)	[tro'vwada]
fulmine (f)	**relâmpago** (m)	[he'lãpagu]
lampeggiare (vi)	**relampejar** (vi)	[helãpe'ʒar]
tuono (m)	**trovão** (m)	[tro'vãw]
tuonare (vi)	**trovejar** (vi)	[trove'ʒar]
tuona	**está trovejando**	[is'ta trove'ʒãdu]
grandine (f)	**granizo** (m)	[gra'nizu]
grandina	**está caindo granizo**	[is'ta ka'ĩdu gra'nizu]
inondare (vt)	**inundar** (vt)	[inũ'dar]
inondazione (f)	**inundação** (f)	[ĩtrodu'sãw]
terremoto (m)	**terremoto** (m)	[tehe'mɔtu]
scossa (f)	**abalo, tremor** (m)	[a'balu], [tre'mor]
epicentro (m)	**epicentro** (m)	[epi'sẽtru]
eruzione (f)	**erupção** (f)	[erup'sãw]
lava (f)	**lava** (f)	['lava]
tromba (f) d'aria	**tornado** (m)	[tor'nadu]
tornado (m)	**tornado** (m)	[tor'nadu]
tifone (m)	**tufão** (m)	[tu'fãw]
uragano (m)	**furacão** (m)	[fura'kãw]
tempesta (f)	**tempestade** (f)	[tẽpes'tadʒi]
tsunami (m)	**tsunami** (m)	[tsu'nami]
ciclone (m)	**ciclone** (m)	[si'klɔni]
maltempo (m)	**mau tempo** (m)	[maw 'tẽpu]

incendio (m)	**incêndio** (m)	[ĩ'sẽdʒju]
disastro (m)	**catástrofe** (f)	[ka'tastrofi]
meteorite (m)	**meteorito** (m)	[meteo'ritu]
valanga (f)	**avalanche** (f)	[ava'lãʃi]
slavina (f)	**deslizamento** (m) **de neve**	[dʒizliza'mẽtu de 'nɛvi]
tempesta (f) di neve	**nevasca** (f)	[ne'vaska]
bufera (f) di neve	**tempestade** (f) **de neve**	[tẽpes'tadʒi de 'nɛvi]

FAUNA

87. Mammiferi. Predatori

predatore (m)	**predador** (m)	[preda'dor]
tigre (f)	**tigre** (m)	['tʃigri]
leone (m)	**leão** (m)	[le'ãw]
lupo (m)	**lobo** (m)	['lobu]
volpe (m)	**raposa** (f)	[ha'pozu]
giaguaro (m)	**jaguar** (m)	[ʒa'gwar]
leopardo (m)	**leopardo** (m)	[ljo'pardu]
ghepardo (m)	**chita** (f)	['ʃita]
pantera (f)	**pantera** (f)	[pã'tɛra]
puma (f)	**puma** (m)	['puma]
leopardo (m) delle nevi	**leopardo-das-neves** (m)	[ljo'pardu das 'nɛvis]
lince (f)	**lince** (m)	['lĩsi]
coyote (m)	**coiote** (m)	[ko'jɔtʃi]
sciacallo (m)	**chacal** (m)	[ʃa'kaw]
iena (f)	**hiena** (f)	['jena]

88. Animali selvatici

animale (m)	**animal** (m)	[ani'maw]
bestia (f)	**besta** (f)	['besta]
scoiattolo (m)	**esquilo** (m)	[is'kilu]
riccio (m)	**ouriço** (m)	[o'risu]
lepre (f)	**lebre** (f)	['lɛbri]
coniglio (m)	**coelho** (m)	[ko'eʎu]
tasso (m)	**texugo** (m)	[te'ʃugu]
procione (f)	**guaxinim** (m)	[gwaʃi'nĩ]
criceto (m)	**hamster** (m)	['amster]
marmotta (f)	**marmota** (f)	[mah'mɔta]
talpa (f)	**toupeira** (f)	[to'pejra]
topo (m)	**rato** (m)	['hatu]
ratto (m)	**ratazana** (f)	[hata'zana]
pipistrello (m)	**morcego** (m)	[mor'segu]
ermellino (m)	**arminho** (m)	[ar'miɲu]
zibellino (m)	**zibelina** (f)	[zibe'lina]
martora (f)	**marta** (f)	['mahta]
donnola (f)	**doninha** (f)	[dɔ'niɲa]
visone (m)	**visom** (m)	[vi'zõ]

castoro (m) **castor** (m) [kas'tor]
lontra (f) **lontra** (f) ['lõtra]

cavallo (m) **cavalo** (m) [ka'valu]
alce (m) **alce** (m) ['awsi]
cervo (m) **veado** (m) ['vjadu]
cammello (m) **camelo** (m) [ka'melu]

bisonte (m) americano **bisão** (m) [bi'zãw]
bisonte (m) europeo **auroque** (m) [aw'rɔki]
bufalo (m) **búfalo** (m) ['bufalu]

zebra (f) **zebra** (f) ['zebra]
antilope (f) **antílope** (m) [ã'tʃilopi]
capriolo (m) **corça** (f) ['korsa]
daino (m) **gamo** (m) ['gamu]
camoscio (m) **camurça** (f) [ka'mursa]
cinghiale (m) **javali** (m) [ʒava'li]

balena (f) **baleia** (f) [ba'leja]
foca (f) **foca** (f) ['fɔka]
tricheco (m) **morsa** (f) ['mɔhsa]
otaria (f) **urso-marinho** (m) ['ursu ma'riɲu]
delfino (m) **golfinho** (m) [gow'fiɲu]

orso (m) **urso** (m) ['ursu]
orso (m) bianco **urso** (m) **polar** ['ursu po'lar]
panda (m) **panda** (m) ['pãda]

scimmia (f) **macaco** (m) [ma'kaku]
scimpanzè (m) **chimpanzé** (m) [ʃĩpã'zɛ]
orango (m) **orangotango** (m) [orãgu'tãgu]
gorilla (m) **gorila** (m) [go'rila]
macaco (m) **macaco** (m) [ma'kaku]
gibbone (m) **gibão** (m) [ʒi'bãw]

elefante (m) **elefante** (m) [ele'fãtʃi]
rinoceronte (m) **rinoceronte** (m) [hinose'rõtʃi]
giraffa (f) **girafa** (f) [ʒi'rafa]
ippopotamo (m) **hipopótamo** (m) [ipo'pɔtamu]

canguro (m) **canguru** (m) [kãgu'ru]
koala (m) **coala** (m) ['kwala]

mangusta (f) **mangusto** (m) [mã'gustu]
cincillà (f) **chinchila** (f) [ʃĩ'ʃila]
moffetta (f) **cangambá** (f) [kã'gãba]
istrice (m) **porco-espinho** (m) ['pɔrku is'piɲu]

89. Animali domestici

gatta (f) **gata** (f) ['gata]
gatto (m) **gato** (m) **macho** ['gatu 'maʃu]
cane (m) **cão** (m) ['kãw]

cavallo (m)	**cavalo** (m)	[ka'valu]
stallone (m)	**garanhão** (m)	[gara'ɲãw]
giumenta (f)	**égua** (f)	['ɛgwa]
mucca (f)	**vaca** (f)	['vaka]
toro (m)	**touro** (m)	['toru]
bue (m)	**boi** (m)	[boj]
pecora (f)	**ovelha** (f)	[o'veʎa]
montone (m)	**carneiro** (m)	[kar'nejru]
capra (f)	**cabra** (f)	['kabra]
caprone (m)	**bode** (m)	['bɔdʒi]
asino (m)	**burro** (m)	['buhu]
mulo (m)	**mula** (f)	['mula]
porco (m)	**porco** (m)	['porku]
porcellino (m)	**leitão** (m)	[lej'tãw]
coniglio (m)	**coelho** (m)	[ko'eʎu]
gallina (f)	**galinha** (f)	[ga'liɲa]
gallo (m)	**galo** (m)	['galu]
anatra (f)	**pata** (f)	['pata]
maschio (m) dell'anatra	**pato** (m)	['patu]
oca (f)	**ganso** (m)	['gãsu]
tacchino (m)	**peru** (m)	[pe'ru]
tacchina (f)	**perua** (f)	[pe'rua]
animali (m pl) domestici	**animais** (m pl) **domésticos**	[ani'majs do'mɛstʃikus]
addomesticato (agg)	**domesticado**	[domestʃi'kadu]
addomesticare (vt)	**domesticar** (vt)	[domestʃi'kar]
allevare (vt)	**criar** (vt)	[krjar]
fattoria (f)	**fazenda** (f)	[fa'zẽda]
pollame (m)	**aves** (f pl) **domésticas**	['avis do'mɛstʃikas]
bestiame (m)	**gado** (m)	['gadu]
branco (m), mandria (f)	**rebanho** (m), **manada** (f)	[he'baɲu], [ma'nada]
scuderia (f)	**estábulo** (m)	[is'tabulu]
porcile (m)	**chiqueiro** (m)	[ʃi'kejru]
stalla (f)	**estábulo** (m)	[is'tabulu]
conigliera (f)	**coelheira** (f)	[kue'ʎejra]
pollaio (m)	**galinheiro** (m)	[gali'ɲejru]

90. Uccelli

uccello (m)	**pássaro** (m), **ave** (f)	['pasaru], ['avi]
colombo (m), piccione (m)	**pombo** (m)	['põbu]
passero (m)	**pardal** (m)	[par'daw]
cincia (f)	**chapim-real** (m)	[ʃa'pĩ-he'aw]
gazza (f)	**pega-rabuda** (f)	['pega-ha'buda]
corvo (m)	**corvo** (m)	['korvu]

cornacchia (f)	**gralha-cinzenta** (f)	['graʎa sĩ'zẽta]
taccola (f)	**gralha-de-nuca-cinzenta** (f)	['graʎa de 'nuka sĩ'zẽta]
corvo (m) nero	**gralha-calva** (f)	['graʎa 'kawvu]
anatra (f)	**pato** (m)	['patu]
oca (f)	**ganso** (m)	['gãsu]
fagiano (m)	**faisão** (m)	[faj'zãw]
aquila (f)	**águia** (f)	['agja]
astore (m)	**açor** (m)	[a'sor]
falco (m)	**falcão** (m)	[faw'kãw]
grifone (m)	**abutre** (m)	[a'butri]
condor (m)	**condor** (m)	[kõ'dor]
cigno (m)	**cisne** (m)	['sizni]
gru (f)	**grou** (m)	[grow]
cicogna (f)	**cegonha** (f)	[se'gɔɲa]
pappagallo (m)	**papagaio** (m)	[papa'gaju]
colibrì (m)	**beija-flor** (m)	[bejʒa'flɔr]
pavone (m)	**pavão** (m)	[pa'vãw]
struzzo (m)	**avestruz** (m)	[aves'truz]
airone (m)	**garça** (f)	['garsa]
fenicottero (m)	**flamingo** (m)	[fla'mĩgu]
pellicano (m)	**pelicano** (m)	[peli'kanu]
usignolo (m)	**rouxinol** (m)	[hoʃi'nɔw]
rondine (f)	**andorinha** (f)	[ãdo'riɲa]
tordo (m)	**tordo-zornal** (m)	['tɔrdu-zor'nal]
tordo (m) sasello	**tordo-músico** (m)	['tɔrdu-'muziku]
merlo (m)	**melro-preto** (m)	['mɛwhu 'pretu]
rondone (m)	**andorinhão** (m)	[ãdori'ɲãw]
allodola (f)	**laverca, cotovia** (f)	[la'verka], [kutu'via]
quaglia (f)	**codorna** (f)	[ko'dɔrna]
picchio (m)	**pica-pau** (m)	['pika 'paw]
cuculo (m)	**cuco** (m)	['kuku]
civetta (f)	**coruja** (f)	[ko'ruʒa]
gufo (m) reale	**bufo-real** (m)	['bufu-he'aw]
urogallo (m)	**tetraz-grande** (m)	[tɛ'tras-'grãdʒi]
fagiano (m) di monte	**tetraz-lira** (m)	[tɛ'tras-'lira]
pernice (f)	**perdiz-cinzenta** (f)	[per'dis sĩ'zẽta]
storno (m)	**estorninho** (m)	[istor'niɲu]
canarino (m)	**canário** (m)	[ka'narju]
francolino (m) di monte	**galinha-do-mato** (f)	[ga'liɲa du 'matu]
fringuello (m)	**tentilhão** (m)	[tẽtʃi'ʎãw]
ciuffolotto (m)	**dom-fafe** (m)	[dõ'fafi]
gabbiano (m)	**gaivota** (f)	[gaj'vɔta]
albatro (m)	**albatroz** (m)	[alba'trɔs]
pinguino (m)	**pinguim** (m)	[pĩ'gwĩ]

91. Pesci. Animali marini

abramide (f)	**brema** (f)	['brema]
carpa (f)	**carpa** (f)	['karpa]
perca (f)	**perca** (f)	['pehka]
pesce (m) gatto	**siluro** (m)	[si'luru]
luccio (m)	**lúcio** (m)	['lusju]
salmone (m)	**salmão** (m)	[saw'mãw]
storione (m)	**esturjão** (m)	[istur'ʒãw]
aringa (f)	**arenque** (m)	[a'rẽki]
salmone (m)	**salmão** (m) **do Atlântico**	[saw'mãw du at'lãtʃiku]
scombro (m)	**cavala, sarda** (f)	[ka'vala], ['sarda]
sogliola (f)	**solha** (f), **linguado** (m)	['soʎa], [lĩ'gwadu]
lucioperca (f)	**lúcio perca** (m)	['lusju 'perka]
merluzzo (m)	**bacalhau** (m)	[baka'ʎaw]
tonno (m)	**atum** (m)	[a'tũ]
trota (f)	**truta** (f)	['truta]
anguilla (f)	**enguia** (f)	[ẽ'gia]
torpedine (f)	**raia** (f) **elétrica**	['haja e'lɛtrika]
murena (f)	**moreia** (f)	[mo'reja]
piranha (f)	**piranha** (f)	[pi'raɲa]
squalo (m)	**tubarão** (m)	[tuba'rãw]
delfino (m)	**golfinho** (m)	[gow'fiɲu]
balena (f)	**baleia** (f)	[ba'leja]
granchio (m)	**caranguejo** (m)	[karã'geʒu]
medusa (f)	**água-viva** (f)	['agwa 'viva]
polpo (m)	**polvo** (m)	['powvu]
stella (f) marina	**estrela-do-mar** (f)	[is'trela du 'mar]
riccio (m) di mare	**ouriço-do-mar** (m)	[o'risu du 'mar]
cavalluccio (m) marino	**cavalo-marinho** (m)	[ka'valu ma'riɲu]
ostrica (f)	**ostra** (f)	['ostra]
gamberetto (m)	**camarão** (m)	[kama'rãw]
astice (m)	**lagosta** (f)	[la'gosta]
aragosta (f)	**lagosta** (f)	[la'gosta]

92. Anfibi. Rettili

serpente (m)	**cobra** (f)	['kɔbra]
velenoso (agg)	**venenoso**	[vene'nozu]
vipera (f)	**víbora** (f)	['vibora]
cobra (m)	**naja** (f)	['naʒa]
pitone (m)	**píton** (m)	['pitɔn]
boa (m)	**jiboia** (f)	[ʒi'bɔja]
biscia (f)	**cobra-de-água** (f)	[kɔbra de 'agwa]

serpente (m) a sonagli	**cascavel** (f)	[kaska'vɛw]
anaconda (f)	**anaconda, sucuri** (f)	[ana'kõda], [sukuri]
lucertola (f)	**lagarto** (m)	[la'gartu]
iguana (f)	**iguana** (f)	[i'gwana]
varano (m)	**varano** (m)	[va'ranu]
salamandra (f)	**salamandra** (f)	[sala'mãdra]
camaleonte (m)	**camaleão** (m)	[kamale'ãu]
scorpione (m)	**escorpião** (m)	[iskorpi'ãw]
tartaruga (f)	**tartaruga** (f)	[tarta'ruga]
rana (f)	**rã** (f)	[hã]
rospo (m)	**sapo** (m)	['sapu]
coccodrillo (m)	**crocodilo** (m)	[kroko'ʤilu]

93. Insetti

insetto (m)	**inseto** (m)	[ĩ'sɛtu]
farfalla (f)	**borboleta** (f)	[borbo'leta]
formica (f)	**formiga** (f)	[for'miga]
mosca (f)	**mosca** (f)	['moska]
zanzara (f)	**mosquito** (m)	[mos'kitu]
scarabeo (m)	**escaravelho** (m)	[iskara'veʎu]
vespa (f)	**vespa** (f)	['vespa]
ape (f)	**abelha** (f)	[a'beʎa]
bombo (m)	**mamangaba** (f)	[mamã'gaba]
tafano (m)	**moscardo** (m)	[mos'kardu]
ragno (m)	**aranha** (f)	[a'raɲa]
ragnatela (f)	**teia** (f) **de aranha**	['teja de a'raɲa]
libellula (f)	**libélula** (f)	[li'bɛlula]
cavalletta (f)	**gafanhoto** (m)	[gafa'ɲotu]
farfalla (f) notturna	**traça** (f)	['trasa]
scarafaggio (m)	**barata** (f)	[ba'rata]
zecca (f)	**carrapato** (m)	[kaha'patu]
pulce (f)	**pulga** (f)	['puwga]
moscerino (m)	**borrachudo** (m)	[boha'ʃudu]
locusta (f)	**gafanhoto-migratório** (m)	[gafa'ɲotu-migra'tɔrju]
lumaca (f)	**caracol** (m)	[kara'kɔw]
grillo (m)	**grilo** (m)	['grilu]
lucciola (f)	**pirilampo, vaga-lume** (m)	[piri'lãpu], [vaga-'lumi]
coccinella (f)	**joaninha** (f)	[ʒwa'niɲa]
maggiolino (m)	**besouro** (m)	[be'zoru]
sanguisuga (f)	**sanguessuga** (f)	[sãgi'suga]
bruco (m)	**lagarta** (f)	[la'garta]
verme (m)	**minhoca** (f)	[mi'ɲɔka]
larva (f)	**larva** (f)	['larva]

FLORA

94. Alberi

albero (m)	**árvore** (f)	['arvori]
deciduo (agg)	**decídua**	[de'sidwa]
conifero (agg)	**conífera**	[ko'nifera]
sempreverde (agg)	**perene**	[pe'rɛni]
melo (m)	**macieira** (f)	[ma'sjejra]
pero (m)	**pereira** (f)	[pe'rejra]
ciliegio (m)	**cerejeira** (f)	[sere'ʒejra]
amareno (m)	**ginjeira** (f)	[ʒĩ'ʒejra]
prugno (m)	**ameixeira** (f)	[amej'ʃejra]
betulla (f)	**bétula** (f)	['bɛtula]
quercia (f)	**carvalho** (m)	[kar'vaʎu]
tiglio (m)	**tília** (f)	['tʃilja]
pioppo (m) tremolo	**choupo-tremedor** (m)	['ʃopu-treme'dor]
acero (m)	**bordo** (m)	['bɔrdu]
abete (m)	**espruce** (m)	[is'pruse]
pino (m)	**pinheiro** (m)	[pi'ɲejru]
larice (m)	**alerce, lariço** (m)	[a'lɛrse], [la'risu]
abete (m) bianco	**abeto** (m)	[a'bɛtu]
cedro (m)	**cedro** (m)	['sɛdru]
pioppo (m)	**choupo, álamo** (m)	['ʃopu], ['alamu]
sorbo (m)	**tramazeira** (f)	[trama'zejra]
salice (m)	**salgueiro** (m)	[saw'gejru]
alno (m)	**amieiro** (m)	[a'mjejru]
faggio (m)	**faia** (f)	['faja]
olmo (m)	**ulmeiro, olmo** (m)	[ul'mejru], ['ɔwmu]
frassino (m)	**freixo** (m)	['frejʃu]
castagno (m)	**castanheiro** (m)	[kasta'ɲejru]
magnolia (f)	**magnólia** (f)	[mag'nɔlja]
palma (f)	**palmeira** (f)	[paw'mejra]
cipresso (m)	**cipreste** (m)	[si'prɛstʃi]
mangrovia (f)	**mangue** (m)	['mãgi]
baobab (m)	**embondeiro, baobá** (m)	[ẽbõ'dejru], [bao'ba]
eucalipto (m)	**eucalipto** (m)	[ewka'liptu]
sequoia (f)	**sequoia** (f)	[se'kwɔja]

95. Arbusti

cespuglio (m)	**arbusto** (m)	[ar'bustu]
arbusto (m)	**arbusto** (m), **moita** (f)	[ar'bustu], ['mɔjta]

vite (f)	**videira** (f)	[vi'dejra]
vigneto (m)	**vinhedo** (m)	[vi'ɲedu]
lampone (m)	**framboeseira** (f)	[frãboe'zejra]
ribes (m) nero	**groselheira-negra** (f)	[groze'ʎejra 'negra]
ribes (m) rosso	**groselheira-vermelha** (f)	[grozɛ'ʎejra ver'meʎa]
uva (f) spina	**groselheira** (f) **espinhosa**	[groze'ʎejra ispi'ɲoza]
acacia (f)	**acácia** (f)	[a'kasja]
crespino (m)	**bérberis** (f)	['bɛrberis]
gelsomino (m)	**jasmim** (m)	[ʒaz'mĩ]
ginepro (m)	**junípero** (m)	[ʒu'niperu]
roseto (m)	**roseira** (f)	[ho'zejra]
rosa (f) canina	**roseira** (f) **brava**	[ho'zejra 'brava]

96. Frutti. Bacche

frutto (m)	**fruta** (f)	['fruta]
frutti (m pl)	**frutas** (f pl)	['frutas]
mela (f)	**maçã** (f)	[ma'sã]
pera (f)	**pera** (f)	['pera]
prugna (f)	**ameixa** (f)	[a'mejʃa]
fragola (f)	**morango** (m)	[mo'rãgu]
amarena (f)	**ginja** (f)	['ʒĩʒa]
ciliegia (f)	**cereja** (f)	[se'reʒa]
uva (f)	**uva** (f)	['uva]
lampone (m)	**framboesa** (f)	[frãbo'eza]
ribes (m) nero	**groselha** (f) **negra**	[gro'zɛʎa 'negra]
ribes (m) rosso	**groselha** (f) **vermelha**	[[gro'zɛʎa ver'meʎa]
uva (f) spina	**groselha** (f) **espinhosa**	[gro'zɛʎa ispi'ɲoza]
mirtillo (m) di palude	**oxicoco** (m)	[oksi'koku]
arancia (f)	**laranja** (f)	[la'rãʒa]
mandarino (m)	**tangerina** (f)	[tãʒe'rina]
ananas (m)	**abacaxi** (m)	[abaka'ʃi]
banana (f)	**banana** (f)	[ba'nana]
dattero (m)	**tâmara** (f)	['tamara]
limone (m)	**limão** (m)	[li'mãw]
albicocca (f)	**damasco** (m)	[da'masku]
pesca (f)	**pêssego** (m)	['pesegu]
kiwi (m)	**quiuí** (m)	[ki'vi]
pompelmo (m)	**toranja** (f)	[to'rãʒa]
bacca (f)	**baga** (f)	['baga]
bacche (f pl)	**bagas** (f pl)	['bagas]
mirtillo (m) rosso	**arando** (m) **vermelho**	[a'rãdu ver'meʎu]
fragola (f) di bosco	**morango-silvestre** (m)	[mo'rãgu siw'vɛstri]
mirtillo (m)	**mirtilo** (m)	[mih'tʃilu]

97. Fiori. Piante

fiore (m)	**flor** (f)	[flɔr]
mazzo (m) di fiori	**buquê** (m) **de flores**	[bu'ke de 'floris]
rosa (f)	**rosa** (f)	['hɔza]
tulipano (m)	**tulipa** (f)	[tu'lipa]
garofano (m)	**cravo** (m)	['kravu]
gladiolo (m)	**gladíolo** (m)	[gla'ʤiolu]
fiordaliso (m)	**escovinha** (f)	[isko'viɲa]
campanella (f)	**campainha** (f)	[kampa'iɲa]
soffione (m)	**dente-de-leão** (m)	['dẽʧi] de le'ãw]
camomilla (f)	**camomila** (f)	[kamo'mila]
aloe (m)	**aloé** (m)	[alo'ɛ]
cactus (m)	**cacto** (m)	['kaktu]
ficus (m)	**fícus** (m)	['fikus]
giglio (m)	**lírio** (m)	['lirju]
geranio (m)	**gerânio** (m)	[ʒe'ranju]
giacinto (m)	**jacinto** (m)	[ʒa'sĩtu]
mimosa (f)	**mimosa** (f)	[mi'mɔza]
narciso (m)	**narciso** (m)	[nar'sizu]
nasturzio (m)	**capuchinha** (f)	[kapu'ʃiɲa]
orchidea (f)	**orquídea** (f)	[or'kiʤja]
peonia (f)	**peônia** (f)	[pi'onia]
viola (f)	**violeta** (f)	[vjo'leta]
viola (f) del pensiero	**amor-perfeito** (m)	[a'mor per'fejtu]
nontiscordardimé (m)	**não-me-esqueças** (m)	['nãw mi is'kesas]
margherita (f)	**margarida** (f)	[marga'rida]
papavero (m)	**papoula** (f)	[pa'pola]
canapa (f)	**cânhamo** (m)	['kaɲamu]
menta (f)	**hortelã, menta** (f)	[orte'lã], ['mẽta]
mughetto (m)	**lírio-do-vale** (m)	['lirju du 'vali]
bucaneve (m)	**campânula-branca** (f)	[kã'panula-'brãka]
ortica (f)	**urtiga** (f)	[ur'ʧiga]
acetosa (f)	**azedinha** (f)	[aze'ʤinha]
ninfea (f)	**nenúfar** (m)	[ne'nufar]
felce (f)	**samambaia** (f)	[samã'baja]
lichene (m)	**líquen** (m)	['likẽ]
serra (f)	**estufa** (f)	[is'tufa]
prato (m) erboso	**gramado** (m)	[gra'madu]
aiuola (f)	**canteiro** (m) **de flores**	[kã'tejru de 'floris]
pianta (f)	**planta** (f)	['plãta]
erba (f)	**grama** (f)	['grama]
filo (m) d'erba	**folha** (f) **de grama**	['foʎa de 'grama]

foglia (f)	**folha** (f)	['foʎa]
petalo (m)	**pétala** (f)	['pɛtala]
stelo (m)	**talo** (m)	['talu]
tubero (m)	**tubérculo** (m)	[tu'berkulu]
germoglio (m)	**broto, rebento** (m)	['brotu], [he'bẽtu]
spina (f)	**espinho** (m)	[is'piɲu]
fiorire (vi)	**florescer** (vi)	[flore'ser]
appassire (vi)	**murchar** (vi)	[mur'ʃar]
odore (m), profumo (m)	**cheiro** (m)	['ʃejru]
tagliare (~ i fiori)	**cortar** (vt)	[kor'tar]
cogliere (vt)	**colher** (vt)	[ko'ʎer]

98. Cereali, granaglie

grano (m)	**grão** (m)	['grãw]
cereali (m pl)	**cereais** (m pl)	[se'rjajs]
spiga (f)	**espiga** (f)	[is'piga]
frumento (m)	**trigo** (m)	['trigu]
segale (f)	**centeio** (m)	[sẽ'teju]
avena (f)	**aveia** (f)	[a'veja]
miglio (m)	**painço** (m)	[pa'ĩsu]
orzo (m)	**cevada** (f)	[se'vada]
mais (m)	**milho** (m)	['miʎu]
riso (m)	**arroz** (m)	[a'hoz]
grano (m) saraceno	**trigo-sarraceno** (m)	['trigu-saha'sẽnu]
pisello (m)	**ervilha** (f)	[er'viʎa]
fagiolo (m)	**feijão** (m) **roxo**	[fej'ʒãw 'hoʃu]
soia (f)	**soja** (f)	['sɔʒa]
lenticchie (f pl)	**lentilha** (f)	[lẽ'tʃiʎa]
fave (f pl)	**feijão** (m)	[fej'ʒãw]

PAESI

99. Paesi. Parte 1

Afghanistan (m)	**Afeganistão** (m)	[afeganis'tãw]
Albania (f)	**Albânia** (f)	[aw'banja]
Arabia Saudita (f)	**Arábia** (f) **Saudita**	[a'rabja saw'ʤita]
Argentina (f)	**Argentina** (f)	[arʒẽ'tʃina]
Armenia (f)	**Armênia** (f)	[ar'menja]
Australia (f)	**Austrália** (f)	[aws'tralja]
Austria (f)	**Áustria** (f)	['awstrja]
Azerbaigian (m)	**Azerbaijão** (m)	[azerbaj'ʒãw]
Le Bahamas	**Bahamas** (f pl)	[ba'amas]
Bangladesh (m)	**Bangladesh** (m)	[bãgla'dɛs]
Belgio (m)	**Bélgica** (f)	['bɛwʒika]
Bielorussia (f)	**Belarus**	[bela'rus]
Birmania (f)	**Birmânia** (f)	[bir'manja]
Bolivia (f)	**Bolívia** (f)	[bo'livja]
Bosnia-Erzegovina (f)	**Bósnia e Herzegovina** (f)	['bɔsnia i ɛrtsegɔ'vina]
Brasile (m)	**Brasil** (m)	[bra'ziw]
Bulgaria (f)	**Bulgária** (f)	[buw'garja]
Cambogia (f)	**Camboja** (f)	[kã'bɔja]
Canada (m)	**Canadá** (m)	[kana'da]
Cile (m)	**Chile** (m)	['ʃili]
Cina (f)	**China** (f)	['ʃina]
Cipro (m)	**Chipre** (m)	['ʃipri]
Colombia (f)	**Colômbia** (f)	[ko'lõbja]
Corea (f) del Nord	**Coreia** (f) **do Norte**	[ko'rɛja du 'nɔrtʃi]
Corea (f) del Sud	**Coreia** (f) **do Sul**	[ko'rɛja du suw]
Croazia (f)	**Croácia** (f)	[kro'asja]
Cuba (f)	**Cuba** (f)	['kuba]
Danimarca (f)	**Dinamarca** (f)	[ʤina'marka]
Ecuador (m)	**Equador** (m)	[ekwa'dor]
Egitto (m)	**Egito** (m)	[e'ʒitu]
Emirati (m pl) Arabi	**Emirados Árabes Unidos**	[emi'radus 'arabis u'nidus]
Estonia (f)	**Estônia** (f)	[is'tonja]
Finlandia (f)	**Finlândia** (f)	[fĩ'lãʤja]
Francia (f)	**França** (f)	['frãsa]

100. Paesi. Parte 2

Georgia (f)	**Geórgia** (f)	['ʒɔrʒa]
Germania (f)	**Alemanha** (f)	[ale'mãɲa]
Ghana (m)	**Gana** (f)	['gana]
Giamaica (f)	**Jamaica** (f)	[ʒa'majka]

Giappone (m)	**Japão** (m)	[ʒa'pãw]
Giordania (f)	**Jordânia** (f)	[ʒor'danja]
Gran Bretagna (f)	**Grã-Bretanha** (f)	[grã-bre'taɲa]
Grecia (f)	**Grécia** (f)	['grɛsja]
Haiti (m)	**Haiti** (m)	[aj'tʃi]
India (f)	**Índia** (f)	['ĩdʒa]
Indonesia (f)	**Indonésia** (f)	[ĩdo'nɛzja]
Inghilterra (f)	**Inglaterra** (f)	[ĩgla'tɛha]
Iran (m)	**Irã** (m)	[i'rã]
Iraq (m)	**Iraque** (m)	[i'raki]
Irlanda (f)	**Irlanda** (f)	[ir'lãda]
Islanda (f)	**Islândia** (f)	[iz'lãdʒa]
Israele (m)	**Israel** (m)	[izha'ɛw]
Italia (f)	**Itália** (f)	[i'talja]
Kazakistan (m)	**Cazaquistão** (m)	[kazakis'tãw]
Kenya (m)	**Quênia** (f)	['kenja]
Kirghizistan (m)	**Quirguistão** (m)	[kirgis'tãw]
Kuwait (m)	**Kuwait** (m)	[ku'wejt]
Laos (m)	**Laos** (m)	['laws]
Lettonia (f)	**Letônia** (f)	[le'tonja]
Libano (m)	**Líbano** (m)	['libanu]
Libia (f)	**Líbia** (f)	['libja]
Liechtenstein (m)	**Liechtenstein** (m)	[liʃtẽs'tajn]
Lituania (f)	**Lituânia** (f)	[li'twanja]
Lussemburgo (m)	**Luxemburgo** (m)	[luʃẽ'burgu]
Macedonia (f)	**Macedônia** (f)	[mase'donja]
Madagascar (m)	**Madagascar** (m)	[mada'gaskar]
Malesia (f)	**Malásia** (f)	[ma'lazja]
Malta (f)	**Malta** (f)	['mawta]
Marocco (m)	**Marrocos**	[ma'hɔkus]
Messico (m)	**México** (m)	['mɛʃiku]
Moldavia (f)	**Moldávia** (f)	[mow'davja]
Monaco (m)	**Mônaco** (m)	['monaku]
Mongolia (f)	**Mongólia** (f)	[mõ'gɔlja]
Montenegro (m)	**Montenegro** (m)	[mõtʃi'negru]
Namibia (f)	**Namíbia** (f)	[na'mibja]
Nepal (m)	**Nepal** (m)	[ne'paw]
Norvegia (f)	**Noruega** (f)	[nor'wɛga]
Nuova Zelanda (f)	**Nova Zelândia** (f)	['nɔva zi'lãdʒa]

101. Paesi. Parte 3

Paesi Bassi (m pl)	**Países Baixos** (m pl)	[pa'jisis 'baɪʃus]
Pakistan (m)	**Paquistão** (m)	[pakis'tãw]
Palestina (f)	**Palestina** (f)	[pales'tʃina]
Panama (m)	**Panamá** (m)	[pana'ma]
Paraguay (m)	**Paraguai** (m)	[para'gwaj]
Perù (m)	**Peru** (m)	[pe'ru]
Polinesia (f) Francese	**Polinésia** (f) **Francesa**	[poli'nɛzja frã'seza]

Polonia (f)	**Polônia** (f)	[po'lonja]
Portogallo (f)	**Portugal** (m)	[portu'gaw]
Repubblica (f) Ceca	**República** (f) **Checa**	[he'publika 'ʃeka]
Repubblica (f) Dominicana	**República** (f) **Dominicana**	[he'publika domini'kana]
Repubblica (f) Sudafricana	**África** (f) **do Sul**	['afrika du suw]
Romania (f)	**Romênia** (f)	[ho'menja]
Russia (f)	**Rússia** (f)	['husja]
Scozia (f)	**Escócia** (f)	[is'kɔsja]
Senegal (m)	**Senegal** (m)	[sene'gaw]
Serbia (f)	**Sérvia** (f)	['sɛhvia]
Siria (f)	**Síria** (f)	['sirja]
Slovacchia (f)	**Eslováquia** (f)	islɔ'vakja]
Slovenia (f)	**Eslovênia** (f)	islɔ'venja]
Spagna (f)	**Espanha** (f)	[is'paɲa]
Stati (m pl) Uniti d'America	**Estados Unidos da América** (m pl)	[i'stadus u'nidus da a'mɛrika]
Suriname (m)	**Suriname** (m)	[suri'nami]
Svezia (f)	**Suécia** (f)	['swɛsja]
Svizzera (f)	**Suíça** (f)	['swisa]
Tagikistan (m)	**Tajiquistão** (m)	[taʒiki'stãw]
Tailandia (f)	**Tailândia** (f)	[taj'lãdʒja]
Taiwan (m)	**Taiwan** (m)	[taj'wan]
Tanzania (f)	**Tanzânia** (f)	[tã'zanja]
Tasmania (f)	**Tasmânia** (f)	[taz'manja]
Tunisia (f)	**Tunísia** (f)	[tu'nizja]
Turchia (f)	**Turquia** (f)	[tur'kia]
Turkmenistan (m)	**Turquemenistão** (m)	[turkemenis'tãw]
Ucraina (f)	**Ucrânia** (f)	[u'kranja]
Ungheria (f)	**Hungria** (f)	[ũ'gria]
Uruguay (m)	**Uruguai** (m)	[uru'gwaj]
Uzbekistan (m)	**Uzbequistão** (f)	[uzbekis'tãw]
Vaticano (m)	**Vaticano** (m)	[vatʃi'kanu]
Venezuela (f)	**Venezuela** (f)	[vene'zwɛla]
Vietnam (m)	**Vietnã** (m)	[vjet'nã]
Zanzibar	**Zanzibar** (m)	[zãzi'bar]

www.ingramcontent.com/pod-product-compliance
Lightning Source LLC
LaVergne TN
LVHW010629100826
845148LV00014B/3168

* 9 7 8 1 7 8 7 6 7 4 6 3 9 *